Ⓢ新潮新書

コリン P. A. ジョーンズ
Colin P.A. Jones

アメリカが劣化した本当の理由

498

新潮社

The Hidden Truth about American Democracy
by Colin P.A. Jones

For Owen, Eileen and Thalia with love.

まえがき

最近、アメリカはどうかしている。

昔からアメリカはどうかしていると思っていた人も少なくないかもしれないが、ジョージ・W・ブッシュ政権下の9・11同時多発テロ事件以来、アメリカはとにかくどうかしている、おかしくなっていると思う人が特に多くなった感じがする。また、二〇一二年十一月のオバマ大統領再選を理由に、アメリカ全州から「合衆国脱退請願書」がホワイトハウスに殺到したとの報道は気になる。署名者は数十万に上るという。総人口三億のごく一部だが、やはりどうかしている。

アフガニスタンやイラク、イエメン、リビア、パキスタンなど他国に対して、不明瞭な根拠で侵略や武力行使をためらいもなく仕掛ける。冷戦は二十年以上前に終わったにもかかわらず、日本を含む世界各地にある米軍基地を、閉鎖するどころか新たに設ける。

その一方で、リーマンショックや米国債の格下げなど、アメリカを震源地とする金融危機が数年ごとに世界経済を襲う。

二〇一一年の後半から、ウォール街をはじめアメリカ各地で発生したOccupy（占拠）というプロテスト運動からも窺えるように、アメリカ国内にすら「どうかしている」と思う人は決して少なくない。ましてや、このような国に振り回される他国民がうんざりするのは不思議なことではない。あれだけ反対者が多いのに在日米軍基地にオスプレイを強行配備する国が、日本人に「どうかしている」と思われても仕方ないだろう。

アメリカがどうかしているのだとすれば、その原因は何なのだろうか。社会、経済、世界情勢など様々だろうが、「民主主義の欠落」がその一つであると私は思う。

アメリカといえば民主主義の元祖か権化か代表のように捉えられがちだが、実はそんなことはない。「アメリカ＝民主主義」というのは虚像である。それを検証することが、本書のテーマだ。

結論を先にいうと、合衆国憲法はそもそも民主主義国家を作るためというよりも、一種の条約機構を再構築するために制定されたものであった。二世紀以上ももったのは、それが理念と理想に満ちたものだったからだが、時代を経るにつれて、さすがに老化と劣化が浮き彫りになってきている。本書で説明するように、アメリカが条約機構から国家になってきたプロセスは、現在のアメリカが「どうかしている」原因の一つである。日本人も、合衆国憲法を先祖とする日本国憲法が六十五歳を迎えた今、改憲論はおいておくとしても、アメリカから承継された〝遺産〟を見直す必要があるかもしれない。

ある知人が、アメリカに帰化した。彼はその際に、次のような経験をしたという。帰化にあたっては、口頭の「国籍試験」に合格しなければならなかった。米国籍を取得しようとする者は、アメリカの歴史、政府、憲法等のイロハを知っているかどうかが試されるのである。

面接官は、彼に質問をぶつけた。

「アメリカの政府形態は？」

知人は「共和制」と即答したが、面接官は「残念でした！　〝民主主義政体〟が正解です」と言って、知人の回答に×を付けたという。

結果的にこの〝不正解〟が致命傷となることはなく、彼は無事帰化することができた。しかし本当は、知人の回答が正解である。アメリカの憲法にははっきりと「共和制」が書かれているが、「民主主義」という言葉はどこにもない。ところが、政府の役人ですら間違えてしまう。それほどまでに「アメリカ=民主主義」という等式は、米国社会に深く広く根づいているのである。

日本人の中には、次のように考えている人も多いことと思う。

「現在の日本国憲法は、戦前のものとは異なって、GHQのアメリカ人がアメリカの憲法を手本に草案したものだから、日本は昔より民主的になったのだ」

しかし、それほど単純な因果関係があるのだろうか。実際はどうだろうか。知人の面接官同様、これもまた根拠のない〝信念〟のようなものかもしれない。

米大統領選は四年ごとに行われる。二〇一二年の選挙は、初の〝黒人〟(母親は白人だが)大統領として二〇〇八年に初当選したバラク・オバマの政権が続くかどうかが争われるものになった。結果としてオバマが再選された(具体的な選挙結果については第3章で検討する)。

大統領選挙は、十一月最初の月曜日の翌日(火曜日)に行われる決まりである。つまり、十一月二日から八日の一週間ということになる。二〇一二年の選挙日は十一月六日だった。当選者は、翌年一月二十日の正午から大統領になる。現職が再選された場合は、前政権がそのまま続くだけである。しかし、いずれの場合も、当選者は一月二十日に以下の文言の宣誓をしなければならない。

「私は、合衆国大統領の職務を忠実に執行し、全力を尽くして合衆国憲法を維持し、保護し、擁護することを厳粛に誓います」——大統領の就任宣誓(確約)

(合衆国憲法第2章第1条第8項)

連邦議会(米国会)と各州議会の議員、および連邦政府・各州政府の行政官・司法官も大統領同様に、就任する際に憲法を維持する宣誓をしなければならない。

しかし、オバマや彼に先立つ最近の米大統領がどれほど「全力を尽くして」憲法を「維持、保護、擁護」してきたか、連邦政府が本当に憲法意識に基づく行動をしているのか、疑問に思う人が多くなっていると思う。最近のアメリカ政府が憲法の理念から遠ざかってきたことは、「アメリカはどうかしている」という雰囲気にも関連しているだろう。憲法の歴史と設置理念については、第1章と第2章で私なりの解説をする。

選挙の前に、必ずテレビのニュースで流れる光景がある。民主党と共和党の大統領・副大統領候補がバスや列車に乗ったり、飛行機から降りたりする様子と、到着先の町で市民と握手したり、演説会をやったりしている様子である。こうした映像を断片的に見ると、まるで両党の候補が投票前夜まで全国で選挙活動を行っているかのような印象を受ける。ところが、第3章で説明するように、これはとんでもない間違いである。実は、多くの州では投票の前から勝負が決まっているのだ。だからアメリカのメディアも、「投票しても意味がない」と思わせるような報道をしたりする。

また、地域によっては選挙権のない、それにもかかわらず納税だけは強いられるアメリカ人、国政についてほとんど参政権のないアメリカ人が、百万人単位でいるというのが実態である。このことは海外であまり知られていないだけではなく、アメリカでも知らない人が少なくない。あるいは知っていても、問題意識がない。アメリカ版民主主義が、幻想として始まり幻想であり続けてきたことを見ようとしない人は、意外と少なくないのである。

アメリカ人の中にはアメリカを「民主主義」の完成形のように勘違いしている人がいるし、他国においてもアメリカは民主主義の代名詞のように扱われているようだ。米国政府も、そのつもりで世界に向かって民主主義の徹底、差別の撤廃等を呼びかけ続け、かつては日本やドイツ、現在はイラクやアフガニスタンに対して、戦争を仕掛けてまでも「民主化」を定着させようとしてきた。

そもそも、武力行使をもって他国民を「解放」して民主主義政権を構築するという行為に矛盾を感じてもおかしくないのだが、アメリカには、事実上の軍事政権下で「民主化」された日本やドイツのような「成功例」がある。しかし今では、何が「勝利」になるのかわからないテロとの戦いが泥沼化するなかで、他国の領有権と主権を侵害し、ミサイルや空爆で罪のない市民を死なせている。そのことでアメリカは、急激に世界的な信頼・尊敬を失っている印象が強い。

また、キューバ領グアンタナモ湾の米軍基地にテロ容疑者を無期限に収容する違法・違憲としか言いようがない施設を作ったり、国内においても令状なしに多くの米国民の通信を傍受したりしてきた。そうしたことから、民主主義の行方を憂えるアメリカ人が年々多くなっている。かつて一流のロースクールで憲法を教えていたオバマに期待をかけた一部の知識人も、彼が政権をとっても大きな方向転換がなかったことに失望しただろう。

現状を見れば、アメリカは他国に民主化を呼びかけるより、自国における民主主義を徹底させるべきと言われてもしかたない。が、実はアメリカ版民主主義には不備が多い。ここまでに指摘した問題は、そのあらわれに過ぎないだろう。

多くのアメリカ人は、自国の民主主義と憲法とを直結させて考えている。彼らにとって憲法は、基本的人権ひいては自由の源泉のようなものなのだ。たしかに、合衆国憲法が画期的な発明品であったことは否定できない。それは、日本を含む多くの国の憲法の手本にもなった。そのためアメリカの憲法は「素晴らしい」というのが議論の前提になっている。

しかし、これから説明するように、この憲法には妥協点、汚点、盲点などが多く含まれている。時代と社会の変化に伴って、各条文に綴られた単純な文言にはかなりの摩擦が生じるようになってきた。裁判所の判例で憲法が「補強」されてきたとも言えるが、そのことによって弊害が生じ、自由と民主主義が蝕まれかねない状態もある。

本書ではアメリカの憲法と法制度を中心に、アメリカの民主主義の問題点を検証していこうと考えている。GHQから日本国憲法の草案を授かって以来、長らくアメリカの傘下にある日本も、ポスト・アメリカンな世界に備えて、アメリカについて見直す必要があるのではないかと思う。

アメリカが劣化した本当の理由 ● 目次

第1章　合衆国憲法は失敗した条約である

近年、日本では「道州制」の導入に関する議論が活発になっているようだ。安倍内閣のときに地方分権改革担当の特命大臣が任命され、民主党の鳩山内閣以降は「地域主権推進担当」に改称された。道州制推進の論理は、次のようなものである。

「都道府県が四十七もあるのは多すぎる。少数の『州』か『道』にまとめることで、地方行政の効率化、地方政府の自立強化、地域社会の多様化、経済の活性化など、様々なメリットが生じるはずだ」

この「州」という言葉から、アメリカを連想する日本人は多いだろう。そういう人の中には、道州制の導入で日本がより「アメリカのような」国になるという発想があるかもしれない。

現在の都道府県は、明治政府が国を統一するために廃藩置県を決行した結果として生まれたものである。終戦まで都道府県知事は、中央政府が選んだ官僚だった。したがって都道府県は「地方自治」というより「地方統制」の出先機関だったとも言える。

一方でアメリカは、複数の主権国家だった「州」が団結して、アメリカという新しい連合体国家を作ったという流れである。国の権限が年々強くなり、州が弱くなっていくというのがアメリカの国家形成の流れだから、日本が目指す道州制とは逆の方向性なのだ。本章では、アメリカが〝誕生〟した事情と、現代の米型民主主義の問題点の関連性を検証してみる。

独立宣言に見える理念

ある法学者によると、多くの国の歴史に、一回以上の「憲法の時」(constitutional moment) があるという。すなわち、歴史の流れ、社会の変化、政治の異変などの組み合わせにより、その国の統治機構、政治や市民生活の理念など、様々な基礎規範を憲法にまとめる必要性、もしくはそれまでの憲法を大幅に改訂する必要性が発生する時である。

かつて欧米諸国の植民地だった国の多くは、独立に伴って憲法を制定したので、独立の時期が「憲法の時」ということになる。これに対して、イギリスの憲法がいまだに非成文であるのは、劇的な「憲法の時」がなかったからだという指摘もある。

日本の場合、一回目の「憲法の時」は明治維新だっただろう。明治憲法が制定されたのは、その約二十年後だが、憲法を作る必要は明治維新から生まれたのだ。そして二回目は、一九四五年の敗戦と連合軍による占領である。

日本国憲法と同様に、ほとんどの国の憲法は、普遍的な理念や大原則を述べる文章で構成されている。しかし、その真意を理解するためには、「憲法の時」の社会情勢と歴史に加え、その内容に影響を及ぼした課題を知る必要がある。たとえば、日本国憲法第一章の天皇に関する規定を理解するためには、明治憲法における天皇の位置づけとの対比や、草案を書いたＧＨＱが天皇制についてどう考えていたかが重要なヒントになる。

次の文章は、一七七六年のアメリカ独立宣言の一節である。

「われわれは、以下の事実を自明のことと信じる。すなわち、すべての人間は生まれながらにして平等であり、その創造主によって、生命、自由、および幸福の追求を含む不可侵の権利を与えられているということ」

アメリカの「憲法の時」が、この独立宣言とイギリスとの独立戦争であったことは言うまでもないことだろう。そうした背景についてある程度知らないと、本書で指摘する今のアメリカの民主主義の問題点は分かりにくい。そこで歴史を振り返ってみることとする。

七月四日はアメリカの独立記念日である。この日はときどき「建国記念日」と間違って伝えられるが、アメリカ建国はその数年後。一七七六年のこの日にアメリカの各州の指導層が集まっていた「大陸会議」が独立宣言を発表して、それまでのイギリスの植民地としての地位を一方的に否定したわけだが、独立と建国は同じものではない。

前年の一七七五年にはアメリカ軍とイギリス駐留軍の武力衝突が起きており、交戦状態に陥っていた。「独立戦争」と呼ばれるこの戦いはその後何年間も続くが、フランスが参戦してアメリカ側を支援したこともあり、イギリスが負けるのは時間の問題だった。一七八三年のパリ講和条約で、イギリスが十三の植民地で構成されていた「アメリカ」を独立国家として承認し、イギリス王がこれらの植民地に対する主権を放棄した。こうして英米間の戦争が正式に終了したわけである。

多くのアメリカ人は、独立宣言を「イギリスのあくどい統治から、アメリカ人が自由を求めて自らを解放し、今までになかった理想を基礎とする国を作ると宣言したもの」

と単純に解釈している。しかし、これは神話のようなものであり、現実はそれほど単純ではない。もう少し歴史を遡ってみよう。

移住先として人気がなかった北米

一四九二年にコロンブスが、北アメリカ大陸を含むいわゆる新世界を〝発見〟したことは世界史の基礎知識である。もちろん〝発見〟というのは西洋人の勝手な発想で、先住民がそこで生活を営んでいたことはいうまでもない。彼らからすれば、一四九二年は両大陸の植民地化、西洋化、白人化、キリスト教化など、その後の好ましくない展開の原点だったと言えよう。

いずれにしても、〝発見〟されたアメリカ大陸は早くからヨーロッパ諸国の争奪戦の対象になった。そのうち、フランス、イギリス、スペイン、ポルトガル、オランダ、デンマークが入植地・植民地を獲得する。北中南米で英語、スペイン語、フランス語、ポルトガル語、オランダ語等が公用語になっていること、今でもカリブ海にフランス、オランダとイギリスに属する領土があること、カナダ東海岸の近海や南米にいまだにフランス領の島があること、一九八二年にイギリスとアルゼンチンが南大西洋にあるイギリス領のフォークランド諸島（当時の人口が約二千人）を巡って戦争までしたことなどは、いずれもその遺産である。

しかし、北米大陸を植民地とするまでの道のりは決して容易なものではなかった。初期（十六世紀）の植民地化の試みは、失敗に終わることが少なくなかった。なにせ北米の気候は厳しく、また当時の航海技術と木造帆船では、大西洋を横断すること自体が命がけだったのである。

今では、アメリカやカナダへの移住希望者は世界中にいる。本国より良い生活を求めて、法を犯してでも入国しようという人が後を絶たない。ところがかつての新世界は、入植してすぐ農業を開始したとしても、厳しい冬を過ごすのに必要な衣食住が確保できないような土地だった。北米への入植を希望したのは、本国に住めない事情がある人くらいである。

それでも、欧州に必要なものが新世界に潤沢に存在すれば、ビジネスになる。現在のカナダ東部にあたる地域では、防水・防寒効果に優れたビーバーの皮が獲れた。これに対する需要はそれなりにあった。北米南部からは、タバコという欧州人にとって新しい「商品」が採れた。ジャガイモも生産できたが、これが欧州で多くの貧しい人々の主食になるのは十八世紀のことである。植民地の開拓は一種の事業として期待されていたが、北米開拓に投資した本国の資産家にはろくなリターンもなかった。

これに対して、スペインがほぼ独占していた中南米からは大量の金が取れた。気候が温暖なカリブ海の島々ではサトウキビができたし、サトウキビからは砂糖だけでなく、ラム酒という魅力のある商品も作れた。それまで蜂蜜を主たる甘味料としてきた欧州人にとって、砂糖は投資にじゅうぶん値する商品だったので、北米より早くカリブ海に欧州各国の植民地が生まれたのである。

イギリスは、大西洋のバミューダやカリブ海の諸島に多くの植民地を誕生させた。一六二三年にセイントキッツ、一六二七年にバルバドス、十七世紀半ばにジャマイカ、バハマ諸島といった具合である（現在はほとんど独立国になっているが、バミューダ、ヴァージン諸島の一部、ケイマン諸島など、未だにイギリス領の島がある）。当時のイギリス大富豪には、ジャマイカなどのサトウキビ・ビジネスで大金を得た商人が少なくなかった。

同じころ、北米大陸の東海岸にも植民地が作られたが、イギリス人らが多数移住するようになるのは、十八世紀になってからである。生活・労働条件があまりにも厳しかっためめ、いかに入植者を確保するかが欧州各国の課題だった。流刑囚や借金のため投獄されそうな人、生活に困り半ば奴隷的な身分で雇用契約を結ばざるを得なかった人などが入植させられたケースも少なくなかった。カリブ海の島々にしても、サトウキビ栽培や砂糖の製造は炎天下での過酷な労働であり、担い手となったのは奴隷くらいだった。こうして、新世界と奴隷制の結びつきが生まれたわけである。

もちろん、「宗教の自由」を確保するために海を渡った人たちもいた。一六二〇年にメイフラワー号で現在のアメリカ東海岸マサチューセッツにやってきたピルグリムと、一六二九年に同地で植民地を作ったピューリタンが有名である。本国イギリスで差別される立場だったピューリタンが自由を求めてアメリカに渡ってきた（ピルグリムはオランダ経由）、だからアメリカは昔から宗教の自由を重んじる国だ、というストーリーはよく耳にする。

一般のアメリカ人にとっては、半奴隷的に連れて来られた入植者より、自ら望んでやってきた入植者のほうが馴染み深い。「宗教の自由」と合衆国憲法の大原則との関連性があるから聞こえが良いのだろう。しかし、現実はそう単純なものではない。英国王は国教会の長であり、当時のイギリスにおいて英国教会以外の宗教を信ずることは、政治的な意味合いが大きかった。彼らが入植を余儀なくされた動機のどこまでが宗教的な理由で、どこからが政治的な理由だったかの線引きは難しい。さらに言えば、「宗教の自由」を求めて入植した人たちが、その後、自分たちがアメリカに作った社会で他の信仰に寛大だったわけでもない。

コロニーと本国の対立

紙幅の関係で詳細は省くが、ともあれ独立戦争の前夜までに、現在のアメリカ東海岸に十三のイギリス植民地（便宜上、以下「コロニー」と呼ぶ）が確立した。独立後、これらがアメリカ合衆国の最初の十三州になったわけである。

前述したように、イギリスの植民地は十三のコロニーの他に、カリブ海と今のカナダにもあった。その中には、最初からイギリスのものだったところもあれば、戦争や外交によってイギリスに帰属するようになったところもある。有名な例としては、ニューヨークのマンハッタン島が挙げられる。もともとオランダ人が入植していたこの島は、英蘭間の平和条約の交換条件でイギリス領になったのである。

コロニーにはイギリスから来た人が多く、当然、本国の影響が大きかった。各コロニーには議会が設立され、それなりの自治権はあったが、総督はイギリス王が任命する官吏であった。法制度に関しては、イギリスの裁判所の判例を中心に作られてきたコモン・ロー（普通法）が準用（必要な修正を加えたうえで使用）された。ただ植民地である以上、本国の議会が作った法律にも従わざるを得なかった。このことが、独立につながる大きな不満の種となるのである。

さて、アメリカ独立の序章となったのは、一七五六年から六三年まで続いた「七年戦争」である。これは、イギリス対フランス、スペインという世界規模の戦争であった。ヨーロッパにおいて、民族間、宗教間、国家間のぶつかり合いは古代から繰り返し起きてきた。欧州で起きたこのような戦いが新世界での武力衝突に発展したことは、以前にもある。しかし七年戦争で違っていたのは、一七五四年に新世界で起きた英仏間の武力衝突が、欧州まで広まったという点だ。従来とは逆のパターンで世界戦争に発展したことは、欧州にとって新世界がそれだけ重要な存在になってきたことを物語っている。

なお、北アメリカ大陸におけるこの戦争は、時に「フレンチ・アンド・インディアン・ウォー」（フランスとインディアンとの戦争）とも呼ばれる。なぜならこの戦争にはフランスとイギリスだけでなく、当時まだ政治力・戦力として大きかった複数の先住民（インディアン）の部族国家までもが巻き込まれたからである。

七年戦争は、イギリスの勝利に終わった。フランスと比べて多量の軍事力を北米に投入したことが勝因の一つだが、それはイギリスがコロニーで始まった戦争に膨大な出費をしたことを意味する。これが功を奏して、フランスはいったん北米大陸からの撤退を余儀なくされた。その結果、フランスの植民地だった地域（今のカナダのケベック州など）はイギリスのものになった。

ただし、この戦争の費用を負担したのはイギリス本土の納税者たちだった。コロニーに住む英国王の臣民には、本国に税を納める必要がなかったからだ。つまり、費用の負担者がもっぱら〝本土のイギリス人〟であったのに対して、受益者はもっぱら〝コロニーのイギリス人〟だった。本土のイギリス人から見れば、コロニーの連中が勝手にフランスや先住民の縄張りに進出したせいで、余計な税負担を強いられたことになる。

七年戦争の終了に伴って、イギリスはいくつかの政策を実施した。まずは一七六三年、フランスと仲が良かった先住部族に対して「白人はこれ以上、西へ進出しない」という内容の声明を出し、落ち着かせようとした。各コロニーとの調整を図らずになされたこの声明は、入植者たちにとって衝撃的だった。

西に行けば、土地、富、新しい生活がある。コロニーの指導者らは、現状に不満のある人々には西に行ってもらえばいいとも考えていただろう。西部には、統治の安全弁としての機能があった。それに現実問題として、声明で示された境界線以西にすでに白人が生活をしていたのである（ちなみに、この声明はカナダにおいて今も憲法的な意義がある）。この声明は、本国のイギリス人にとっては痛くも痒くもないだろうが、コロニーの白人住民にとっては大迷惑だった。

「代表なき課税」というスローガン

もう一つの政策も、コロニーの反発を大いに買った。それはコロニーへの課税である。所得税ではなく一種の印紙税だったが、コロニー住民の本国に対する反発は増し、様々な反英運動が盛んになった。その際のスローガンが「代表なき課税」である。課税されるようになってもコロニーの税負担は少なかったが、その一方で、依然としてイギリス議会に代表を送ることもできなかった。英議会が作った法律に従わなければならないのに、その立法過程に参加できないという状態だったわけだ。

「代表なき課税」という表現は、コロニーにおける対英不満を示すために一七五〇年代から用いられていたが、七年戦争後に特に有名になったのが「代表なき課税は専制政治だ」というスローガンだ。今でもアメリカでは「代表なき課税」と聞くと、独立宣言や独立戦争など、輝かしいアメリカの誕生に直結したフレーズとして考える人が少なくない。

ところが、ちょっと冷静に考えると、このスローガンがいまひとつ理念と迫力に欠けると感じるのは私だけだろうか。「代表」云々は確かに民主主義の基礎に関わることだし、一方的に税法を含むイギリス法に従わなければならないことに対する不満はわからなくはない。発言権は無いのに義務だけ押し付けられ、挙句の果てに「西部に行くな」とまで命令するのはおかしいじゃないか、ということだろう。

しかし、見逃してはならない点がある。この時代、イギリスにおいても参政権が付与されていた人はごく一部であった。人口の約三パーセントにしか投票権がなかったのである。投票は一定額以上の資産家、納税者らに限定された特権だった（イギリスで全成人男性に参政権が認められるようになったのは何と一九一八年で、日本とあまり変わらないタイミングだ）。

要するに、「代表なき」はほとんどのイギリス王の臣民にとって常識であった。このスローガンは、一般人というよりコロニーの支配層（いわば特権階級）からの苦情だったと考えるべきだろう。

目標は〝イギリス人並み〟

アメリカではしばしば、「自由と民主主義を愛するアメリカ人は、独立戦争を通じて英国王の独裁による抑圧から解放された」といったストーリーが語られる。しかし、これは神話の類にすぎない。

英法制史を意識して独立宣言を読むと、彼らの本心は「独立したい」というより、「一人前のイギリス人のように扱ってほしい」というものだっただろうという印象を受ける。なぜなら「代表なき課税」を含め、そこに羅列されたイギリスへの苦情の多くは、本土のイギリス人がすでに獲得していた恩恵や権利が、コロニーにいることを理由に享受できない不公平に対するものだからだ。

独立宣言の文面を見る限り、コロニーにおける法律や司法制度の運用、イギリス本土ではありえないような扱いに関する文句は少ない。これはアメリカ限定の現象ではなく、二十世紀に至るまで、世界中の植民地の住民たちが不満に思ってきたことである。

独立宣言当時のイギリスは、独裁体制どころか欧州の他国と比べても極めて自由度の高い国家だった。その自由が、コロニーまで及ばなかっただけのことである。よって、アメリカ人が独立を通じて目指したものは、「一人前のイギリス人としてのステータス」だったともいえる。イギリス法制史を読めば、現在の合衆国憲法は、一七七六年以前の数百年間に判例や制定法の累積によって成り立ったイギリス独特の非成文憲法の様々な原則（たとえば、陪審裁判の原則など）の集約に見える。

ただ、アメリカ人がイギリス人のステータスを目指して独立を求めたといっても、それはアメリカ社会の上層部がイギリス社会の上層部を目指したという側面が大きい。後述するように、参政権においても合衆国の憲法はイギリスを手本にしている。

アメリカに弁護士が多い理由

イギリスとの戦争が勃発した翌一七七六年に十三のコロニーは一応独立したものの、正式に「アメリカ合衆国」が誕生したのは一七八一年である。この年、一七七六年から七七年にかけて起案された「連合規約」（Articles of Confederation）が批准され、それによってアメリカという連合体が組織された。連合規約はいわば、アメリカ最初の憲法である。

しかし、この段階のアメリカを一つの国家とみなして良いかについては、かなり疑わしい。連合規約はむしろ、現在でいうところの国家間で結ぶ条約であり、この時のアメリカは一種の条約機構であったと考えた方が分かりやすいかもしれない。当時のアメリカと後のEUには、共通点がある。関税障壁の撤廃という面においては、むしろEUの方がずっと統一が進んでいるとも言える。

アメリカが国ではなく一種の条約機構として発足したことは、現在の法制度及び本書で指摘する民主主義の諸問題を理解する上で重要なポイントである。要するに、各コロニーはそれぞれ独立した主権国家として「アメリカ合衆国」という連合体を作り、それによって外敵からの共同防衛など、非常に限定された目的の達成をはかったのだ。連合規約では United States of America について、state（国家）ではなく Confederation（連合）という名称を用いており、その連合体に加盟した元コロニーの方が state と呼ばれていた。

英語と日本語の違いもあってことに紛らわしいが、国際社会において英語の state は「国家」という意味で用いられるのが一般的である。しかし、アメリカ国内についていう場合は「州」の意味を持つ。こうした混乱が起きるのは、本来アメリカの「州」が「国家」のような存在だったからである。

余談だが、United States が日本語で「合州国」ではなく「合衆国」となっているのは、どうやら君主のない共和制を指した表現らしい。「合衆国」と訳した江戸末期の日本人にとっては、「州の合体」というアメリカの成り立ちより、世界的に珍しい政体の方が有意義だったわけだ。

さて、アメリカ合衆国の成立後も、連邦規約によって合衆国政府に委託された権能以外の主権は、依然としてそれぞれの州（国家）が保有していた。アメリカの法制度がいまだに紛らわしく、弁護士が多い理由の一つがここにある。

十三の〝国家〟（今は五十の〝州〟）は、出発の時点でそれぞれ英法に基づく独自の刑法、民法など、主権国家なみの政府、法体系、裁判制度などを持っていた（今でも仏法の影響が残っているルイジアナ州を除く）。それどころか連合規約が発効する前から、すでに自前の憲法を制定していた州まであったのである。早くに作られた州憲法の多くは原型を留めていないが、一七八〇年に制定されたマサチューセッツ州憲法は多くの改正を経て現在に至る、アメリカで一番古い憲法と言える。

United States は単数か複数か

ようやく発足した連合規約だったが、条約機構としてのアメリカ合衆国は早い時点で失敗に終わった。直接課税権すらなかった当時の合衆国政府は確たる財源に乏しく、国防も各州がバラバラに提供する予備軍のようなものに負うところが大きく、「国」としての基盤が非常に弱かったのである。また各州が独自の借金を抱えていたため、財政の統一も図りにくかった。この点は、現在のユーロ圏が抱えている問題にも似ている。

加えて、現在のEUと同じように、重要な政策について各州に拒否権があったため、外交や国策の整合性がとりにくいなど、運用上の不具合が多かった。さらに、各州が互いに関税を課すなどして、国内の貿易戦争が経済の発展を阻害した。州同士の衝突は、貿易以外の面でも多発していた。連合規約批准前からこのような状態にあったアメリカが、イギリスと戦争してよく勝てたものだ。

余談だが、United States of America が主語になる場合、be 動詞は is が一般的である。英語を学ぶにあたって、疑問に思われた日本人は少なくないと思う。複数形の States が主語なのになぜ are ではないのか。これはアメリカが一つの国家であることを表すと思われるが、実はisではなく、areだったと言われている。

シェルビー・フットというアメリカの著名な歴史家いわく、南北戦争（一八六一〜六五年）を機にareがisに変わっており、南北戦争がアメリカを複数の州の連合から一つの国家にしたのだという。それほど単純なことではないという指摘もあるが、いずれにしても当初の表現方法が“The United States are”であったことは、アメリカの出発点を表している。

越権行為から出発した憲法

このように様々な不都合が明らかだったため、連合規約の改正論は独立戦争が終わるとすぐ浮上した。一七八七年に十二州の代表がフィラデルフィア市で集まり、規約改正のための会議を開いた（ロードアイランド州はボイコット）。しかし、各州から規約の「改正」を委任されてきた代表たちは、そこで改正ではなく全く新しいルールを起案した。ここで生まれたのが合衆国憲法の原型である。

この会議で可決された新憲法案はその後、新聞等で是非が活発に議論され、結局各州の議会の批准を得て合衆国憲法として発効した（このあたりも、やはり条約機構らしい）。新しい憲法、つまり現在の合衆国憲法は、連合規約と比べるとずいぶんしっかりした内容であった。まず、憲法が「最高の法規」とされ、連邦法と各州の州法の上下関係をある程度はっきりさせていた。

また、連合規約が連邦政府機関として一院制の議会しか設けていなかったのに対し、憲法は立法部・執行部・司法部という、多くの現代人にとって〝常識〟と思われる分立した「三権」を設けた。すでにあった立法府の連邦議会は、憲法で二院制に改変され、経済を規制するものを含み、より多くの立法権を付与された（次章で詳述）。また、戦争・外交に統一的な指導力を発揮できる「大統領」という最高責任者をおいた。そして、最高裁判所を頂点とする連邦裁判制度を作ることによって、「国」の裁判所を最高の司法機関にするとともに、〝中立〟的な司法による州間の法律紛争解決が図られたのである。

連邦政府は何ができるのか

日本で震災や重大な社会問題が起こると、国民は政治家や役人に「国がなんとかしろ」と対策を求める。どこの国でも大同小異なのだが、アメリカの場合、「国が何をするか」という以前に「国は何ができるか」というハードルがあるのだ。これは、合衆国憲法が条約機構の憲章としての性格を持っているがゆえの問題である。

連合規約体制では、各州の市民と連邦政府（連邦議会）との間には直接の関係がなかった。現在の日本に喩えると、次のようなことだ。日本は国連に加盟しているが、原則として日本国民が国連に直接申し立てすることはできない（人権侵害について直接申し立てできる制度の構築を日弁連が推奨しているが、それはさておく）。まずは政府に働きかけ、その結果として日本政府が国連に対する行動を取る、という流れになる。アメリカの連合規約も、このような仕組みと考えればいい。つまり、市民⇕州政府⇕連邦政府というつながりしかなく、市民⇕連邦政府という直接の関係はなかったのである。

もちろん現在の米国では、市民⇕州政府とは別に市民⇕連邦政府のような関係もある。しかし、実はこれも憲法の条文上ははっきりしていない。「連邦政府と各州の市民は州政府を超えて直接結ばれている」という解釈が、憲法制定から三十二年後の最高裁判例によって確認されたというほど、このあたりの概念は曖昧だった。

前述したように、出発点において各州は主権国家として存在し、連合規約によってその国家主権の一部を合衆国に委託していた。これで事足りなかったため、憲法によって各州はさらに一部の国家機能を連邦政府に委託した。それ以外の主権は従前どおり州に帰属したままだから、憲法によって連邦議会に付与された立法権は極めて少なく、それ以外のものは州法の領域となる。だからアメリカでは、今でも州単位に憲法、刑法、家族法、会社法などを持っている。

連邦議会を規定した憲法第1章第1条には、「この憲法によって付与されるすべての立法権は、上院と下院で構成される合衆国連邦議会に属する（傍線筆者）」と書かれている。つまり、連邦政府の立法権が限定されていることは明らかである。これはアメリカ法を理解するにあたっての、難点のひとつである。

日本の場合、国会を通った法律が憲法に規定された手続きを経て成立した以上、憲法に規定される基本的人権を露骨に侵害しない限り、合憲性の問題はない。要するに憲法に違反していなければ、その法律は成立する。ところが、アメリカの連邦法では、「そもそもそういう法律を作る権限が連邦議会にあるかどうか」という点を考えねばならず、もしも「権限なし」と判断されれば違憲になってしまう。他の主権国家が当然にできることも、米国政府の場合、憲法のこの制約によってできない場合があるのだ。

連邦議会に付与される主な立法権（一部省略）

・憲法第1章第8条

合衆国の債務を弁済し、共同の防衛および一般の福祉に備えるために、租税、関税、輸入税および消費税を賦課し、徴収する権限。

合衆国の信用において金銭を借り入れる権限。

諸外国との通商、各州間の通商およびインディアン部族との通商を規制する権限。

統一的な帰化に関する規則、および合衆国全土に適用される統一的な破産に関する法律を制定する権限。

貨幣を鋳造し、その価格および外国貨幣の価格を規制する権限、ならびに度量衡の基準を定める権限。

合衆国の証券および通貨の偽造に対する罰則を定める権限。

郵便局を設置し、郵便道路を建設する権限。

著作者および発明者に対し、一定期間その著作および発明に関する独占的権利を保障することにより、学術および有益な技芸の進歩を促進する権限。

最高裁判所の下に下位裁判所を組織する権限。

公海上で犯された海賊行為および重罪行為ならびに国際法に違反する犯罪を定義し、これを処罰する権限。

戦争を宣言し、船舶捕獲免許状を授与し、陸上および海上における捕獲に関する規則を設ける権限。

陸軍を編制し、これを維持する権限。

海軍を創設し、これを維持する権限。

陸海軍の統帥および規律に関する規則を定める権限。

連邦の法律を執行し、反乱を鎮圧し、侵略を撃退するために、民兵団を召集する規定を設ける権限。

各州の民兵団に関する定めを設ける権限。

（首都のワシントンＤＣなど）に対して、いかなる事項についても専属的な立法権を行使する権限。

上記の権限およびこの憲法により合衆国政府またはその部門もしくは官吏に付与された他のすべての権限を行使するために、必要かつ適切なすべての法律を制定する権限。

・その他
第4章、修正第13条（奴隷制撤廃関連の立法）、修正第14条（法の下の平等、差別撤廃関連の立法）、修正第15条（人種による参政権の制限の撤廃に関する立法）など。

このリストは今のアメリカとどういう関係であろうか。例えば近年において、州によっては、同性愛者同士の結婚を認める法改正がなされている。逆にいえば、その件に関してアメリカ全土共通のルールはない。右のリストからもうかがえるように、連邦議会には、結婚や家族に関する法律を制定する権限が付与されていないためである。二〇一二年の予備選挙で敗北したある共和党の大統領候補は、「結婚は女性一人と男性一人でするもの」という一見唖然とさせられるような憲法改正を呼びかけていたが、憲法を改正しない限り、連邦議会が「有効な婚姻関係の成立要件はこれだ」という全国統一の法律は作れないから、この不思議な議論が起きるのである。

表現・宗教の自由の保障は〝念のため〟

今の感覚からすれば、連邦政府の権限はかなり限定されたものに見える。それでも多くのアメリカ人にとって発足当初の連邦政府は、過度の権限を持てば恐ろしい存在になりかねないものだった。一七八九年に権利章典を付け加えるための憲法改正案が可決され、これで憲法制定会議をボイコットしたロードアイランド州、およびそれまで批准を渋ってきたノースカロライナ州がついに憲法を批准した。このように権利章典は新憲法下の「アメリカ」を完成させるための駆け引きでもあった。

権利章典とは、憲法の最初の十の修正条項の総称である。宗教の自由、言論の自由、陪審裁判を受ける権利、不当な捜査・身柄の拘束からの保護といった人権規定のようなものが含まれ、多くの個人対公権力の憲法訴訟の根拠になっている。日本を含む数々の国の憲法の人権規定は、この権利章典を参考にされたと言っても過言ではない。

権利章典の概要は次の通りである。

修正第1条　宗教・言論・集会等の自由、政教の分離
修正第2条　武器の保有権
修正第3条　軍隊の宿営の強制の禁止
修正第4条　刑事手続の保障（令状の原則、不当な捜査、押収、身柄拘束等からの自

由等）

修正第５条　手続きの保障（財産、自由、生命の保護）、大陪審による起訴、黙秘権、一事不再理原則など

修正第６条　陪審裁判、裁判の公平関連

修正第７条　民事の陪審裁判の維持

修正第８条　過重な刑罰・残忍な刑罰の禁止

修正第９条　明示されていない権利の留保

修正第10条　各州・市民の主権の確認と保留

武器の保有など、違和感を抱かせるものが多少あるにせよ、民主主義国家に住む者には、理解しやすい項目が並んでいることと思う。

ところが当初、権利章典には「あらゆる公権力からすべての個人を守るため」ではなく、「各州の社会を連邦政府から保護するため」という意味合いが強かった。個人の人権は、むしろ各州の憲法やイギリスから受け継がれた普通法によって、州単位で擁護されることが期待されていた。現代の常識からすれば、合衆国憲法に権利章典があるのは

当然のことと考えられるだろう。しかし当時は、権利章典に規定してしまえば連邦政府に対して主張できる権利はそれだけになってしまうという懸念を持つ人も多く、そのため権利章典導入に対する反対論があったほどである。

権利章典がもともと連邦政府のみを対象にして作られたことは、修正第1条を読めばすぐわかることだ。

「修正第1条　連邦議会は、国教を定めまたは自由な宗教活動を禁止する法律、言論または出版の自由を制限する法律、ならびに国民が平穏に集会する権利および苦痛の救済を求めて政府に請願する権利を制限する法律は、これを制定してはならない」（傍線筆者）

先に触れたピューリタンのように、早い時期から「宗教の自由」を求めて欧州から北米大陸へ移住した人々がいることはよく知られた話なので、アメリカは最初から「宗教の自由」と「政教の分離」を重んじる国だったという印象を抱いている日本人は少なくないだろう（というか、そのように思っているアメリカ人も多いと思う）。しかも修正第1条は、宗教の自由や政教の分離だけではなく言論の自由をも保障しており、その条文と解釈は日本を含む他国の憲法学に大きな影響を及ぼしている。

しかし、ここにもやはり認識の誤りがある。アメリカでは長い間、キリスト教以外の宗教の信者が当然のように公職から排除されてきただけではなく、カトリックの信者ですら近年まで様々な差別を受けてきた。今に至るまで、アメリカの歴史においてカトリックの信者で大統領になったのは、暗殺されたジョン・F・ケネディのみである。また、二〇一二年の大統領選の共和党候補だったミット・ロムニーがモルモン教の信者であったことは、選挙結果に影響をおよぼしたに違いない（オバマが〝隠れムスリム〟である、というデマも同じだが）。

修正第1条が、言論および宗教の自由や政教分離の原則を規定していることは明らかである。一方で、それが連邦議会による立法のみを制限していることもまた明らかである。つまり宗教の自由も政教分離の原則も、連邦議会が「守らねばならないこと」ではあるが、州議会にとっては「守らなくてもいいこと」だったのである。

したがって、権利章典が発効した一七九一年の時点では、各州が立法によって言論活動を規制したり、特定の宗教を優遇したりしても、それを妨げるものはなかった。もちろん、州によっては表現の自由やその他の人権を規定した憲法を作っていた。しかし、宗教活動を公費で支援する制度、キリスト教徒以外を公職から排除するような法律を有する州もあった。そして、当時は権利章典上なんの問題もなかった。

それにしても、賢い読者はあることに気づいているはずだ。つまり、先に紹介した連邦議会に付与された限定的立法権の中に、言論を統制したり、国教を作ったりすることができるようなものは含まれていないのだ。そうすると、修正第1条はあたかも「連邦議会がそもそも制定できない法律を、連邦議会は制定してはいけない」といっているようなものだ。

議会の立法権が先のリストに定められているものだけであれば、修正第1条はいわば「念押し」なのだ。そうした念押しを必要とするほどに、連邦政府は各州の主権を侵害しかねない脅威として受け止められていたわけだ。現在のアメリカでは、しばしば"limited government"（限定された政府）が美徳のように謳われ、憲法がその理念の結晶化として語られることがある。日本における「小さな政府」の議論も、この影響を受けているかもしれない。ところがアメリカの場合、当初は州政府vs.連邦政府の連邦制という構図の中で、権利章典が加わった合衆国憲法はもっぱら連邦政府を制限するためのもので、州を含むすべての〝政府〟を制限する趣旨はなかった。

なお、第二次大戦中の一九四四年一月十一日、当時のルーズベルト大統領が戦後のアメリカ像についてラジオ演説で語っている。そこで大統領は、第二の権利章典を導入するための改憲の必要性について訴えた。新しい権利章典の内容としては、最低生活水準の保障、十分な賃金が得られる仕事につく権利、医療へのアクセス権、教育を受ける権利など、現代では多くの国で当然とされている国民の権利が含まれていた。しかし、ルーズベルトが一九四五年に他界したこともあり、この構想は実現しなかった。皮肉なことに、彼が終戦後のアメリカ国民にあってしかるべきと思っていた権利の一部は、アメリカの憲法ではなく連合軍に敗北した日本やドイツの新憲法に反映された。

「州軍」が「国民軍」となった矛盾

日本人からすれば、アメリカ人はみな銃を持ち、乱射事件ばかり起こしているように見えるかもしれない。それが国民性だと思われても仕方がないが、銃は確かに多く、射殺事件も後を絶たない。しかし、一部のアメリカ人が武器に固執する背景には、歴史と憲法に根ざした事情がある。

またしても登場するのが、連邦政府への不信だ。憲法が制定された当時、多くのアメリカ人にとって職業軍人で構成される常設軍は必要悪だった。

コロニーの時代、アメリカ人はイギリス駐留軍と付き合ってきた。沖縄県民やその他の米軍基地近辺の住民ならよくわかるだろうが、軍隊というのはそこにあるだけで揉め事の種になる。かつてのアメリカ人も、刑事事件を起こした軍人がいつの間にか本国に送還され、裁判でも大した処罰を受けないというようなことを経験したのである。また、駐留費用をなるべく駐留地に負担させるという政策から、コロニーには軍人に宿営施設を提供することが義務付けられた。「思いやり予算」のような措置は、昔の米国人にとっても大きな迷惑だったわけだ。

そのため憲法には、国家の軍隊が肥大化して巨大な財政負担になり、市民の自由に対する脅威にならないための仕掛けが組み込まれている。

その一つが、予算編成規定である。合衆国憲法では、日本のように単年度予算制度を規定しているわけではないが、軍事費に限っては最大で二年間にわたる支出を認めている。言い換えれば、軍事費は二年ごとに議会に再承認されなければならないのだ。つまり議会が承認しなければ、軍は金欠で消滅してしまう。これは、軍のあり方を常に立法の課題としながら、民主主義機関のコントロールが及ばない組織になることを防ぐためである。

もう一つは、「軍」ではなく民兵団（militia）を国防の基盤にすることであった。民兵団とは、定期的に軍事訓練を受けた一般市民による、有事にのみ機能する軍事組織である。日本でいえば、予備自衛官制度が近いだろう（と言っても、多くの日本人にとっては馴染みがないかもしれない）。先ほどの連邦議会の立法権のリストにも、民兵団に関する規定がある。

ただし、憲法に規定される民兵団は本来、国ではなく州単位の軍事組織である。戦争など有事の際にのみ連邦政府が〝借りる〟ことはできるが、それ以外の時、民兵団は連邦軍の最高指揮官である大統領ではなく、州知事の指揮下にある。

民兵団は、国軍としては使い勝手の悪い側面があった。たとえば一八一二年に英米間でふたたび戦争が勃発した際、米国はこれを長年の願望だった英領カナダの合衆国加盟を実現するきっかけと捉え、カナダの一部を侵略する作戦を練った。しかし作戦の実行にあたって、民兵団たちは従順ではなかった。〝国防〟の範囲外だという理由で、国境を超えることを拒否する者が現れたのである。こうした事情もあって、アメリカのカナダ併合作戦は失敗に終わり、現在に至る。余談だが、このため〝過去に戦争でアメリカに勝ったことがある〟というのが、今でも一部のカナダ人の誇りとなっている。

武器を持つ権利と民兵団

アメリカで銃の保有率が高い原因のひとつは、憲法で武器を持つ権利を保障していることにある。実はこの権利と民兵団は、修正第2条でセットになっている。

修正第2条［武器保有権］　規律ある民兵団は、自由な国家の安全にとって必要であるから、国民が武器を保有し携行する権利は、侵してはならない。

Amendment II　A well regulated Militia, being necessary to the security of a free State, the right of the people to keep and bear Arms, shall not be infringed.

条文からも明らかなように、武器の保有権が保障されている理由は、そうしないと民兵団が維持できなくなる恐れがあるからだ。また、本章で説明してきたように、権利章典は本来、各州を連邦政府から守るためのものという性格が強かった。そう考えると、民兵団そのものも、各州の主権を守るためにあるという解釈もできなくはない。

ここで、前述の State の意味に関する議論を思い出して欲しい。面白いことに、アメリカ大使館のウェブサイトにある合衆国憲法の和訳の中で、State が「州」ではなく「国家」と訳されているのは、この修正第2条だけである。こう訳すと、民兵団は国防のための国軍であるというニュアンスが強くなるが、「州」と訳した方が本来の趣旨に忠実である、という見方もできなくはない。

アメリカ人の中には、アサルト・ライフルやマシンガンまで保有する権利があると、他の国から見れば狂っていると思われるような主張をする人がいる。しかし、これもまったく根拠のない主張ではない。背景には、そのくらいの武器を個人単位で持っていないと、政府（特にＦＢＩなど連邦政府所管の強力な武装組織）の侵害から個人の自由や地域社会の自治を守ることができない、という発想がある。筆者自身は決して賛同できないが、それが修正第2条の本来の趣旨から大きくずれているとまでは言えないかもしれない。

民兵団は今でも存在する。ただ、皮肉なことに、州知事の指揮下にある州単位の民兵団は national guard（すなわち「国防軍」）という名称で呼ばれている。たとえば、ミシガン州の民兵団は Michigan National Guard である。これは英語としても少々変であるし、日本語で「ミシガン州国防軍」と直訳しても矛盾するが、そのことは誰も問題にしない。なにせ、各州の民兵団は実態としては、ほとんど米軍（連邦軍）によって組織・装備された予備軍になっているからである。

パートタイムジョブのつもりで自州のナショナルガードに入隊した人々が、しばしば長期のイラクやアフガニスタン駐在を突然命じられたことは、アメリカ人の記憶に新しい。いまや国外派遣もできるようになった民兵団は、狭義の「国防」だけでなく、米国の世界軍事戦略のコマとして使えるようになっている。

三度まで失敗した条約機構

連合規約により、アメリカは一種の条約機構に近い連合体国家として発足した。しかしこの試みが失敗であったことは、おもいのほか早く露呈した。現在の憲法を制定することにより、より強い連邦政府が構築され、アメリカという条約機構は一層国家らしい連合体になる。ところが第5章で説明するように、奴隷制をめぐって一八六一年から六五年まで続く南北戦争で、この連合体は甚大な流血を伴う分裂の危機に陥った。加盟国家同士が戦争になるような条約機構は、失敗作としか言いようがないだろう。

たしかに合衆国憲法の本来の狙いは、共同防衛、外交政策の統一、経済発展を図るため、連合規約体制よりも強い十三の主権国家の連合体を作ることだった。しかし一方で、憲法本文には、それによって組織される連邦政府が各州の主権を脅かすほど強力な存在にならないための配慮が多くなされ、また権利章典の追加にも同様の目論見があった。さらに、国の軍事力が連邦政府の支配下に集中しないための工夫まであった。

現在のアメリカが軍事大国であることは周知の事実だが、連邦政府は軍事以外の領域においても影響力を強め、国民生活の隅々にまで干渉できるような存在になってきた。また、昨今の「テロとの戦い」を名目に、連邦政府の権限がさらに強大になる兆しも見られる。このプロセスについては後述するが、いずれにしても、当初の目的を達成するという面においては、合衆国憲法は失敗作であると言っていいだろう。

もちろん、一種の条約機構として失敗であるとはいえ、国家としてうまくいっているかどうかは別問題である。それは、人によって意見が分かれるところであろうが、次章以下の本書の内容はその観点からの検討材料にされたい。

第2章　参政権は穴だらけ

アメリカ大統領選は、世界的に報道される。本選挙まで約一年間にわたり、民主・共和各党の大統領候補を選ぶための予備選挙が州ごとに行われるため、ぼんやりニュースを見ていると、アメリカ人はとにかくよく投票するという印象を受けかねない。

「投票＝自由民主主義」と思っている日本人は、少なくないはずだ。日本で選挙制度を論じる時、アメリカを一つのお手本のように語る人もいる。しかしアメリカ人の参政権には、知れば知るほど驚くような問題点がある。その多くも、条約機構としての発足に根付いている。本章を読むにあたって、まず「われら合衆国の国民は（We the people）」ではじまる合衆国憲法の前文に目を通していただきたい。

「われら合衆国の国民は、より完全な連邦を形成し、正義を樹立し、国内の平穏を保障し、共同の防衛に備え、一般の福祉を増進し、われらとわれらの子孫のために自由の恵沢を確保する目的をもって、ここにアメリカ合衆国のためにこの憲法を制定し、確定する」

意外と革命的ではなかった「アメリカ革命」

一七七六年の独立に至るプロセスは、米国ではしばしば「アメリカ革命」（American Revolution、日本では「アメリカ独立革命」とも訳す）と呼ばれる。しかし第1章にも触れたように、これは革命というより、納税者による一揆と呼んだほうが正しいかもしれない。イギリス王の権威とイギリスの官吏が消えたことを除けば、アメリカでその年を境に社会の構造がひっくり返ったり、支配層が消滅したりしたわけではない。この点において、その後のフランス革命、ロシア革命とは対照的である。

「民主主義を愛するアメリカ人が、一団となってイギリスに立ち向かい、自由をつかみとった」という〝神話〟についても、ある歴史家によると、独立について積極的だったアメリカ人は全体の三分の一で、三分の一は無関心、残り三分の一は反対だったという（独立反対派の一部は、アメリカから実質上追い出されてカナダに流れた）。

もしアメリカの独立に革命的な点があったとすれば、それはおそらく「主権は君主にあらず、民にある」という、まさに共和政体的発想が背後にあったことである。こうした理想があったからこそ、コロニーの支配層だけでなく一般大衆にも熱心な独立支持者が現れ、各州の民兵団や新設の米国軍に志願し、イギリスと戦う決意までしたのかもしれない。

独立宣言には、「すべての人間は生まれながらにして平等である」という非常に有名で格好良い一節が含まれている。欧州古来の世襲による君主・貴族制度に基づく階級制度を真っ向から否定し、アメリカ人を国王の臣民ではなく主権者たる市民として捉えたこの一節は、当時においては革命的な内容であった。

余談として、この一節に続いて「すべての人間には生命、自由、および幸福の追求を含む不可侵の権利がある」とある。日本国憲法第十三条の幸福追求権の元になった部分だが、当の合衆国憲法にはなぜか幸福の追求権規定がない。

何はともあれ独立宣言の当時、アメリカ国民は一種の理想を共有していたはずだった。しかし、その十一年後に憲法制定会議が開催される頃には事情が大きく変わっていた。戦争のために膨大な借金を抱えていた各州と連邦の財政状態は厳しく、多くのアメリカ人は非常に苦しい生活を強いられていた。独立戦争が終わっている以上、大衆の不満をイギリスに向けることもできない。不満は連邦政府・各州政府に向けられたままだった。また、徴兵され無償で独立のために戦った元軍人が退役後の冷遇に憤り、武装蜂起していた地域もあった。こうしてアメリカ国内の治安・秩序が脅かされる事態に陥っていたのである（このあたりの事情は、西南戦争直後の日本ともかなりの共通点があるかもしれない）。憲法制定会議においては、これらの国内問題への対応も急務とされた。

一方、アメリカの指導者たちは「主権は民にある」や「人間はすべて平等である」といった抽象的な理念には賛同しても、直接・間接を問わず一般大衆に国を支配させるような、単純なマジョリティによる民主主義を提唱していたわけではない。君主・貴族制を否定したからと言って、当時の指導層には、階級制度まで完全に廃止して、全国民に参政権を与えるような発想はなかった。憲法制定会議が開催される頃には、すでに大衆迎合的にすぎた州憲法を改正する作業に入っていた州もあったし、各州における一般大衆と支配層の関係の再検討が課題となっていた。

“We the people”という有名なフレーズで始まる合衆国憲法は一見、先進的に民主主義を謳っているようでいて、当時の状況に鑑みれば、かなり皮肉な一面がある。というのは、憲法制定会議に参加した各州の代表を選ぶプロセスを含め、当時のアメリカに選挙で民意を政府に伝えるシステムはなかった。各州で参政権が認められていたのは、原則として一定額以上の財産を有する白人男性、もしくは一定額以上の納税をしている白人男性のみだったからである。

黒人や、法律で財産の取引が制限されていた女性はおろか、白人男性でも資産がなければ（大半はそうだった）、当然のこととして政治から排除されていた。つまり、"We the people"とは「資産を持った白人男性」ととらえることができる。

戦争が育てたイギリス版議会民主主義

ＧＨＱが草案を作った日本国憲法と日本版民主主義には、アメリカの影響が強いと考える人も少なくないだろう。それも間違いではないが、実際はイギリスの影響が強いと考えた方が正しいかもしれない。

たとえばマッカーサーは憲法策定にあたって、国家予算の編成方法についても「イギリス流」の制度の導入を指示したとされ、天皇の存在を「象徴」としたことについてもイギリスの法令がヒントになったという指摘がある。合衆国憲法の影響に見える部分でも、アメリカ建国以前のイギリス法に見られるものがあるのである。そもそも前にも触れたとおり、アメリカの憲法はイギリスの非成文憲法のかなりの部分を成文化したようなものだ。

独立戦争で自由と民主主義を手に入れた、というアメリカ建国神話の影響で、現代型の民主主義はアメリカの発明品であるかのように勘違いしているアメリカ人がいる。しかし、そのような事実はない。アメリカ版の民主主義はむしろ、独立戦争の敵国イギリスの産物なのである（なお、合衆国憲法につづられている三権分立の原則に関しては、フランスの哲学者モンテスキューの影響の方が大きいといわれている）。

王を頂点にいただくイギリスで、欧州諸国としては早くから間接民主主義が発達した理由は様々あるが、戦争を繰り返していたことが要因として大きい。戦争と言っても、自由や民主主義を勝ち取るための戦いではなく、むしろ一種の相続争いのようなものが少なくなかった。その点については若干説明が必要である。

一〇六六年、イギリスは外国の侵略軍に征服された。外国とは現在のフランスのノルマンディー地方で、軍を率いたのはウィリアムというノルマンディー公爵であった。ウィリアム公は庶子ではあったが、イギリス王と親族関係にあった。したがって、これは「侵略」というよりも、同年に没したエドワード王の後継争いに武力で勝利しただけのことである。結果として彼はイギリス王ウィリアム一世となり、イギリスの支配層はいきなりフランス人になった（このため、フランス語は一時期イギリスの事実上の公用語となった。現在の英語の語彙、文法、発音等が不規則で煩雑な理由の一つは、ここにある）。

イギリス王と欧州本土との領地、血縁や政略結婚における深いつながりは、その後も永らく続いた。一七一四年、英語がろくにしゃべれないドイツ人がイギリス王（ジョージ一世）になっても、特に問題とされなかったほどである。

こうした状況の中で、イギリス王は常に欧州本土の政変や権力闘争に巻き込まれていた。しかも英国王になったとはいえウィリアム一世の本籍は今のフランスにあったので、その後のイギリス王はフランスにある領地、ときにはフランス王の冠を一種の相続権として主張することができた。そして、そのような主張が戦争に発展することもあった。

ただ〝王〟とは言っても、イギリス王が国中の誰をも屈服させるほどの軍事力を自ら備えていたわけではない。王はイギリスの最大の地主だったから、財産と収入は誰にも負けないが、それは現代国家の「国庫」に相当する規模のものではなかった。したがって、王は大領主（日本の大名のような存在）など、自分以外の支配層から兵力や金銭を提供してもらう必要があった。戦争など有事の際はなおさらである。

そうした立場上、王が大領主たちの意向を無視して強権的に兵力や金を求めることはできなかった。支配層である大領主たちは、外敵の侵略から国を守るためであれば惜しみなく支出したかもしれないが、国王の相続争いのための海外出兵となれば話は変わる。このような事情もあってイギリスでは、王が税などを課すときには、課される側の承諾を得なければならないという大原則が早くから根付いた。

かえりみるに、イギリス議会（Parliament）の出発点とは、一つには大陸に滞在することが多かった王の留守居役としての組織であり、一つには王が国内の要人に金を出させるための会合であった。この〝会合〟が次第にルール化・制度化されたのが、議会なのである。

アメリカの連邦議会を理解する上で重要なポイントは、このイギリス議会が早くから二院制になった意味を知ることである。イギリス議会の一院は、王が直接名指しで召集する貴族院（House of Lords）で、世襲や王の任命によってその位につくすべての大領主や教会組織の要職によって構成されていた。皇族、華族および天皇に任命された者で構成された、明治憲法下の貴族院のようなものだ。

もう一院は、小口の納税者や自治特権を付与された町の要人（大領主よりはずっと多いが、それでも人口の一部にすぎない）の中から選挙によって選ばれた代表による庶民院（House of Commons）だった。貴族院の世襲の議席はほとんどなくなったものの、現在でもイギリス議会はこのスタイルで続いている。

イギリスでは、時代の流れの中で庶民院が優位に立つことによって、より民主主義的な国家になった。しかし、その庶民院の出発点はといえば、納税者を代表する組織である。したがって、アメリカ独立のモットーであった「代表なき課税」云々というフレーズは、それ以前にイギリスの非成文憲法の基礎であったともいえるだろう。ただ、これを裏返せば、納税するだけの資力がある人のみが代表とされることを意味する。大領主は直接貴族院に召集され、それ以外の納税者は選挙による代表を送るが、それ以外の国民が議会において代表されることはなかった。

投票権は国民の権利に含まれない

ここまでかなりの寄り道をしてきたのは、イギリス型議会民主主義のルーツを知っておいていただきたかったからである。なぜなら、いくらイギリスから自由になったとはいえ、それはアメリカのモデルだったからである。したがって、独立当時のアメリカ人にとって議会民主主義は、一定以上の資産家、納税者など、総人口のごく一部分限定の人たちが参加できるプロセスだった。

金がなければ投票できないというのは、現在の感覚からすれば甚だ不平等だが、当時のエリートからすれば常識だった。これはアメリカだけでなく、近代国家の常だったとも言える。日本で無産階級の成人男性に選挙権が認められたのは、一九二五年だった。アメリカの場合、参政権から財産に関する条件が完全に撤廃されたのは、人頭税（一部の州にあった投票行為を課税する制度）を禁止する修正第24条が発効した一九六四年のことである（近年、一部の州では写真付き証明書の提示を投票の条件にするための立法が試みられている。しかし、そのような要件が実態として低所得者を排除するための人頭税に該当するかどうかが裁判で争われるくらい、投票行為に対して金銭的なハードルを設けることは憲法的に難しくなった）。

憲法が制定された当時から、アメリカ合衆国の各州にはそれぞれ州議会があったし、州によって議員の選任方法や参政権の資格要件（財産がいくら以上あれば投票できるか、など）が異なっていた。しかも、州ごとにばらばらだった参政権のルールが、憲法によって統一されたわけではない。それどころか、連邦議会の議員の選出ですら基本的に連邦法ではなく、その議員を選出する州の州法に基づくものなのだ。要するに、別の州に引っ越しただけで、選挙権を取得したり喪失したりすることがあり得る。なぜなら、参政権は各州の法律に委ねられているからである。条約機構をまた例にすると、各加盟国がどのような人を代表として国連に送るかは、国連ではなく加盟国の判断に委ねられているのと同じだ。

このスキームは現在も基本的に変わっておらず、実はアメリカ国民には、憲法や連邦法によって付与・保障される全国統一の投票権がない。憲法で保障されているのは、各州の市民に付与された選挙権について、不当な差別がないことだけである。

憲法には、人種や性別を理由に投票権を制限してはならない（修正第15条、第19条）という旨の条文はあるが、そもそも州が市民に投票権を与えなければならないというような要件はない。現在の連邦法には選挙関連の細かい規定があるが、厳密にいうとこれは「参政権」そのものを保証するためのものではなく、「参政権の行使の平等」を担保するためのものである。

〝ズル〟で生まれたブッシュ政権

大統領選挙の投票権の条件も州によって異なる。このことは、選挙結果に重大な影響を及ぼすことがある。

たとえば、重犯罪の前科がある人の場合、服役中には投票できないが、服役後に一定の条件を満たせば選挙権が復活する州もあれば、ひとたび重犯罪の前科がつけば生涯にわたって選挙権を喪失する州もある。前科によって投票権が剝奪されるということ自体は、合衆国憲法上なんの問題もない。しかし、州ごとに制度のバラつきがあることで実務的な問題が生じる。

たとえば、服役後に選挙権が復活するＡ州の市民が、Ａ州の刑務所を出てＢ州に引っ越したとする。そのＢ州では、一度前科が付いた人は永久に投票できないという制度をとっている。しかし、Ａ州法上の犯罪行為はすなわちＢ州に対する犯罪ではないし、Ｂ州に引っ越しただけで選挙権を喪失するというなら、それは違法な追加懲罰になる（日本人がアメリカで有罪判決をうけたら日本国民としての選挙権が剝奪される、というのと同じ）。よって、Ｂ州はこの前科者の投票権を認めなければならないはずである。

さて、二〇〇〇年に行われたブッシュ対ゴアの大統領選挙で、フロリダ州における両党の得票数は限りなく同数に近かった。同州の一部地域の投票用紙が紛らわしいだの、再集計プロセスに問題があるだの、最高裁判所が大統領を選ぶような結果となったことは、多くのアメリカ人の記憶に新しい。

しかし、こうした技術的な問題以前に、他州から転入してきた前科者の選挙権をフロリダ州が不当に剝奪したことが決定的だった、と主張するジャーナリストもいる。重犯罪の前科者には黒人や低所得者の比率が高く、民主党支持者が多い。したがって、彼らを排除すれば共和党に有利になる可能性が高かったのである（選挙当時、フロリダ州はブッシュ候補の弟を知事とする共和党政権だった）。

本来であれば、他州で前科がついたとしても、フロリダ州での投票権には影響ないはずである。しかし、選挙登録の際や投票所で「お前は前科があるからダメだ」と言われた人の多くは、そこで諦めてしまった。恥ずかしさもあってか、すごすご引き下がったのだ。フロリダ州における勝利がブッシュ大統領の誕生に貢献したことを考えると、アメリカの運命は不法な手続きによって大きく左右されたと言わざるをえない。

全世界に影響を及ぼす政策が立法化されるアメリカの連邦議会（Congress）は、上院（Senate）と下院（House of Representatives）で構成されている。これは、連邦議会が発足した当時のイギリス議会にわりと近い。下院はイギリス議会でいう庶民院と同様、州ごとの基準で参政権が認められた市民が選ぶ代表によって構成される。一方の上院は貴族院に相当するが、アメリカでは世襲による特権階級が否定されたため、上院議員の選任は当初、各州議会に委ねられた。

両院とも法案の提出はできるが、「歳入の徴収を伴うすべての法案」は下院が先に提出しなければならない。ただし、上院は法案にいくらでも修正案を付けることができる。二〇一一年十二月、上院が軍事予算案に対して「テロの根拠を明確に示さずとも米軍はテロの容疑者を無期投獄できる」という恐ろしい内容の修正を付け加えたことは、ちょっとした話題になった。

連邦の法案は、両院の過半数の議決と大統領の署名で成立する。大統領が署名を拒否した場合でも、両院の三分の二以上の議決があればそれでも法律になる。また、大統領による「法案に署名はするが、部分的に無視する」という乱暴な手法も常態化している（後述）。なお、英語の House of Representatives と Senate に上下関係を表すような含みはなく、日本語訳が誤解を招く嫌いがある。

憲法の下の不平等

下院議員の数は憲法に規定されていないが、百年前からほぼ変わることなく四三五人に固定されている。それぞれの議席は各州を分割した四三五の選挙区に配分され、選挙区は十年ごとの人口調査によって画定される。詳細は省くが、議席の配分に関して過去にいくつかの問題が発生し、それは現在も解決していない。

議席の配分は基本的には人口比例だが、憲法では選挙区が二つ以上の州にまたがらないことに加え、各州に最低一議席を割り当てることが定められている。これで一票の格差問題、すなわち選出した下院議員が代表する人の数（言い換えれば、一票の重み）が選挙区によって異なるという問題、が発生する（実は、下院におけるこの格差問題は二〇一二年の選挙で歴史的に珍しい結果を生んだ。直後の報道によると、約五十二パーセントの票が民主党の下院議員候補へ投じられたにもかかわらず、結果的に共和党が引き続き過半数の議席を獲得している）。

合衆国の人口約三億を下院の議席数四三五で割ると、一議席は約六十九万人を代表す

		10議席を割り当てる場合		11議席を割り当てる場合	
州	人口	州人口/総人口 ×10	議席数	州人口/総人口 ×11	議席数
A	600,000	4.286	4	4.714	5
B	600,000	4.286	4	4.714	5
C	200,000	1.429	2	1.571	1
合計（総人口）	1,400,000	10	10	11	11

表1　三州だけの合衆国のモデル

る計算だ。ところが全米五十州のうち、人口が六十九万人を下回る州が三つもある。それでも一州に最低一議席という原則があるから、たとえば人口百万人近いモンタナ州と、その約半分しかないワイオミング州が、いずれも一議席を選出することになる。地域によって、倍近い一票の格差が生じているのだ。

「法の下の平等」を国内外に宣言しているアメリカにしては、いささか不思議なアンバランスと言える。日本でも一票の格差はなかなか改善されず、違憲訴訟が起こされることもあるが、アメリカの場合、不平等の原因は憲法そのものにある。したがって、憲法訴訟で是正するには限界があろうというものだ。

この状況を解消するには、議席を増やせばいいという考えもある。しかし、ここにも落とし穴がある。増やし方によって、四捨五入の影響で議席が逆に減ってしまう州が出るため、意外と実現が難しいのだ。この問題は、一八八一年に議席定数を増やした際にアラバマ州の議席が減るという発見があったことから「アラバマパラドックス」と呼ばれている。理解しやすくするために、三州だけの「合衆国」のモデルで見てみよう（前頁参照）。

一九五九年のハワイ以来、半世紀にわたって新しい州は合衆国に加わっていないが、州の数が増えると、下院議席の再分配によって「損」をする州が現れることになる。ちなみに、どのような割り当て方をしてもこのような問題がなくならないことは、数学的に実証されているらしい。

さらに、下院議員選では選出される人も投票する人もアメリカ国籍であることが前提だが、議席の割り当てに用いる人口数はというと、国籍を問わない人口調査に基づいている。つまり、全米で一千万人以上と言われる不法移民も、議席の配分に影響することになる。

不法移民の多くは中南米からメキシコ国境を越えて入国するため、国境に近く言語・文化面でメキシコの影響が強い南部の州に集中する。つまり、これらの州では不法移民の分だけ下院議員が多くなり、他の州がしわ寄せをくらうわけである。議席が減った北部の州の市民からすれば、連邦政府の移民政策や国境警備の不始末によって損をしたことになる。もちろん南部の州とて、福祉制度において余計な負担を強いられる不法移民を歓迎しているわけではないのだが。

成立時の憲法には、さらに問題のある条文もあった。奴隷制が廃止されるまで、議席の割り当てに際して「奴隷は『自由人』の五分の三として数えられる」としていたのだ。この条文のおかげで、奴隷が多かった南部の州はそれだけ議員が多く与えられたが、もちろん当の奴隷達に参政権はなかった。

しかも奴隷制が一八六五年に廃止されたことが、奴隷のいた州にとっては政治的なメリットを生んだ面がある。黒人の人口はもはや五分の三ではなく、フルに数えられた。しかし後述するように、こうした州の政府は約百年にわたり、黒人の参政権をあの手この手で実質上奪い続けた。黒人を利用して稼いだ影響力を、白人のみが享受してきたわけだ。

再選率を高めるカラクリ

下院議員は大変だ。なぜなら、憲法によって常に選挙活動を強いられているからだ。米国の下院は日本の衆議院のように任期中に解散することはないが、そのかわり議員の任期は二年間しかない。したがって、下院議員は当選したらすぐにまた次の選挙のことを考えなければならない。なぜこんな慌しいシステムになっているかといえば、憲法の制作者たちが「下院議員は常に市民の顔色をうかがっていなければならない」と考えたからである。

しかし、この措置がうまく機能しているかを疑問に思わせる材料がある。すなわち、下院議員の再選率の高さだ。図1が示すように、一九六四年以降では再選率が九十パーセント前後にのぼる。おそらくどの国でも、現職議員は知名度、業績、利権団体の支援などの関係上、チャレンジャーと比較して有利になりがちである。ところが米国の場合、地域によっては選挙区の画定プロセスも再選率を高める原因となっている。

「一党独裁国」といえば共産主義国家・ファシスト国家を連想する欧米人は少なくないと思うが、アメリカでは昔から二党政治体制（現在は民主党と共和党）が根強く続いてきた。政権交代が可能だから一党制と比べれば大きな差はあるが、実質上二党しかない米国のシステムが民主主義の理想形かどうかは疑問だ。二択しかないアメリカの政治議論は、とかく白か黒、善か悪という単純なものに陥りやすい。

さて、このことが再選率とどういう関係があるのかといえば、次のとおりになる。ど

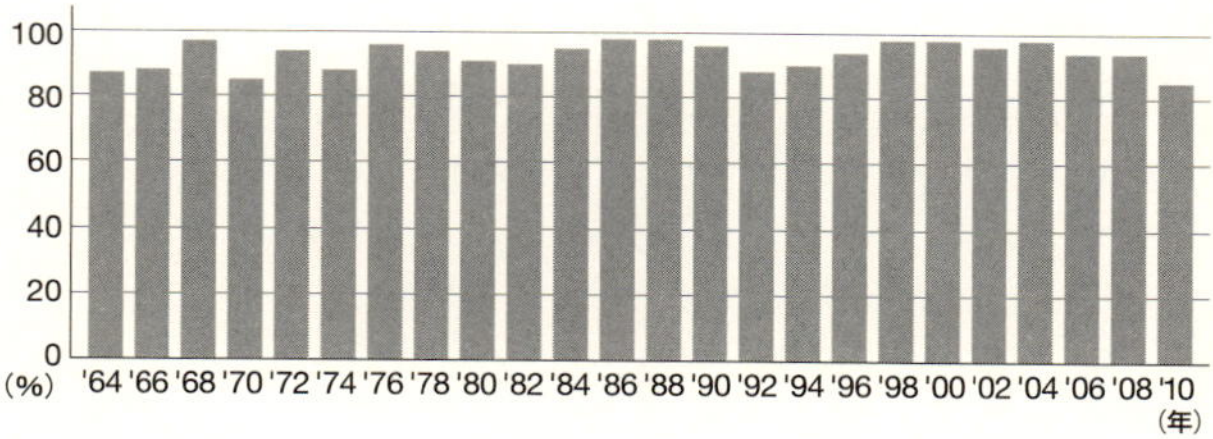

（出典：opensecrets.org）

図１　下院議員の再選率（1964-2008）

の議員も、自らが属する政党が議会で優位に立つことを望んでいる。また、自党の候補が大統領になることも大事である。ただ何より重要なことは、まず自分自身が再選を果たすことである。そしてこの点については、共和党も民主党も意見が一致する。

各州の選挙委員会は政治家によって構成されるので、当然、自分たちの党が有利になるように選挙区を画定しようとするが、同時に「現状維持」のための駆け引きもできる。つまり、「ここでうちの候補が（再）当選する代わり、あそこでおたくに勝たせよう」というような談合が可能だということである。

すでに触れたように、地域によってはユダヤ系、黒人、低所得者など特定の属性に民主党支持者が多いのに対し、高所得者や一部のヒスパニック系などには共和党支持者が多い（実際はここまで単純ではないが、とりあえず以下の議論をわかりやすくするためにこうしておく）。したがって、黒人や低所得者などが集中するように選挙区を指定すれば民主党候補が当選する確率が高くなるし、逆にそういう人たちを避ければ共和党が有利になる。

もちろん、黒人に限らず特定の人種がそんなに都合よく一カ所に集中しているわけではないので、このような作為を現実のものとするには、かなりの無理をしなければならない。図2と図3の選挙区を見ればわかりやすい。

図2の選挙区が極めて奇形なのは、フロリダ州の一地域の黒人市民を集中することによって、黒人の下院議員を確実に選出することを目的としているからであるといわれている。フロリダ州には黒人が少なくないが、どの郡でも人口の半分以下なので、自治体（郡）ベースというような合理的なやり方では目的を達成することはできない。そのため、ところにより幅数メートルしかないこの選挙区から選出された下院議員は、九つの郡にまたがる投票者の代表となっている。

このように、選挙区は郡や町とは無関係に画定される。そのため人口わずか二万七千人の町で三つの選挙区が交差し、お隣さんの下院議員は違う人、というぐらい不合理な区割りが行われている。

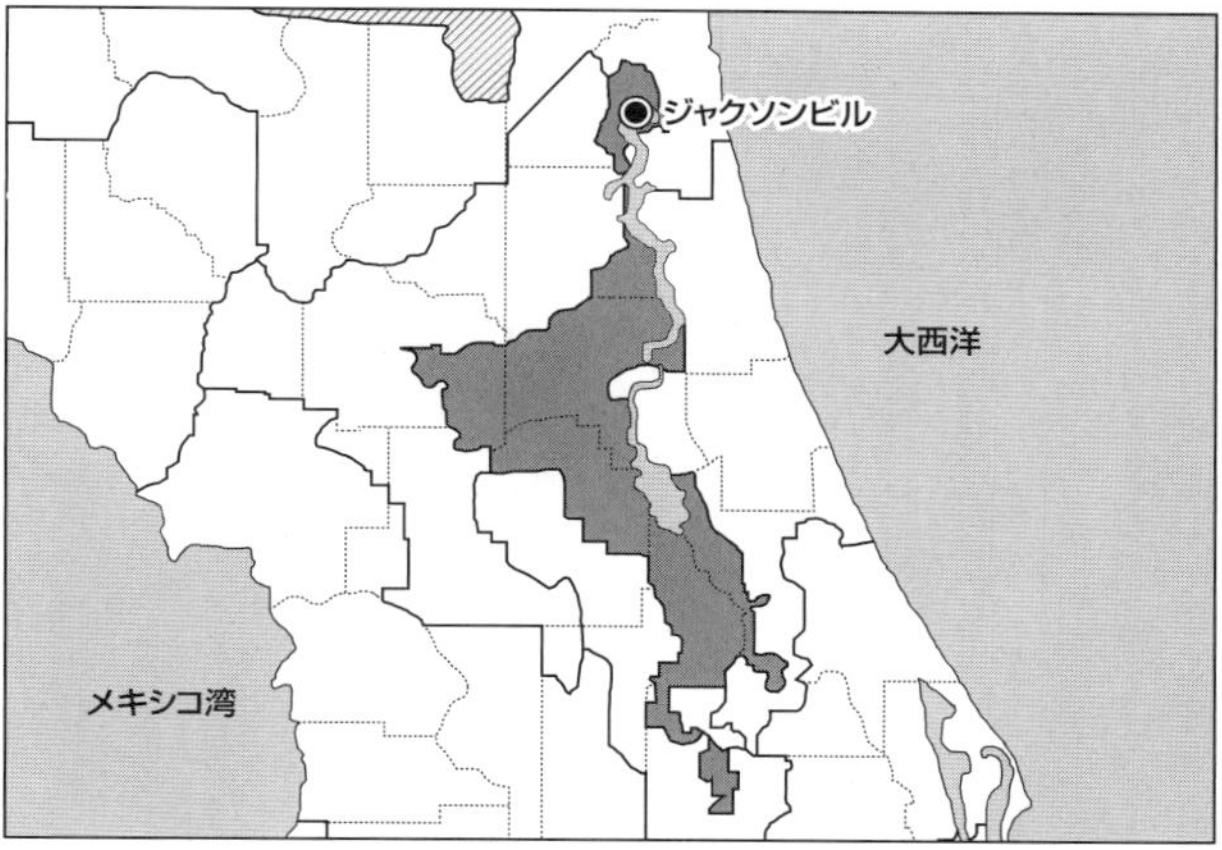

（出典：www.nationalatlas.gov）

図２　フロリダ州の第３下院選挙区

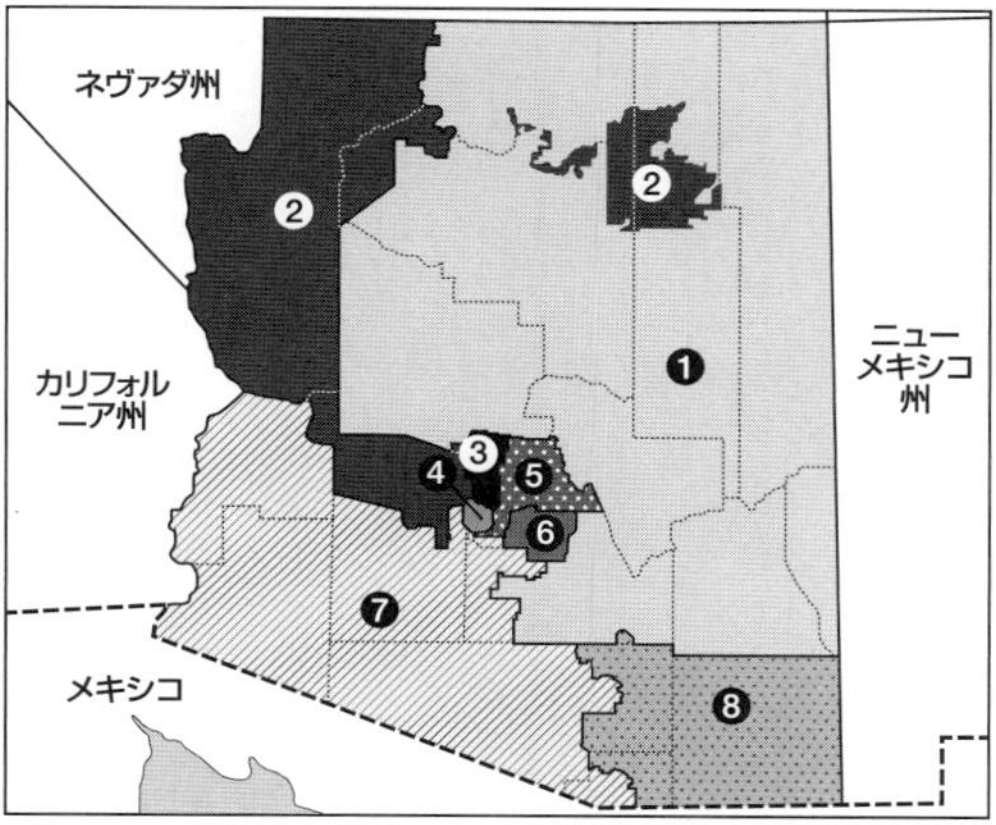

（出典：www.nationalatlas.gov）

図３　アリゾナ州の下院選挙区

すごい選挙区が他にもある。八つの下院選挙区を擁するアリゾナ州の、第2選挙区に注目していただきたい（図3）。なぜこのような形になったのか。同州には、多くの先住民（かつて「インディアン」と呼ばれた人たち）が居住している。彼らは一枚岩というわけではなく、あまり仲がよくない部族もあるらしい。そうした事情から、同じ下院議員が仲の悪い複数の部族の代表にならないために画定されたのが、この「飛び地」選挙区だという。妙な形となった原因は、「配慮」とも解釈できる。しかし、よく考えてみれば、選挙結果を投票前から予見可能にしているわけで、そこに疑問を持つ人がいるのは当然だろう。選挙区を自由に決められればこそ、再選も容易になるわけだ。

上院は「大富豪院」

繰り返しになるが、アメリカは建国当初から、欧州各国で代々続いてきた世襲による君主・貴族制度を否定してきた。憲法にも、貴族制を否定する条文がある（一九四七年まで貴族院があった日本の、現在の憲法第十四条にあたる）。

「合衆国から報酬または信任を受けて官職にある者は、連邦議会の同意なしに、国王、公侯または他の国から、いかなる種類の贈与、俸給、官職または称号をも受けてはなら

ない」（第1章第9条第8項）

ちなみに、二〇〇九年にオバマ大統領のノーベル平和賞受賞が発表された際、この条文にひっかかるという指摘があった（ノーベル平和賞の受賞者はノルウェー国会に選任される委員会が決めて、同国王の前で授賞される）。

いずれにせよ、連邦議会の上院はイギリスの貴族院のようなモデルを取り入れることができなかった。その代わり当初憲法で定められたのは、各州議会がその州の上院議員を選任するというやり方だ。つまり、王が「君、よくやったから議席をやる」という代わりに、各州の議会が「君、よくやったから……」と決めるのだ。

先述のとおり、参政権の条件は州によってバラバラだったが、大地主や資産家に限定されることに関しては共通していた。そのため、資産家によって選任・構成される州議会が連邦議会に送る上院議員は、資産家の中でも上位を占める人物であることが少なくなかった。つまり世襲制こそないが、上院には「資本主義の貴族院」とも呼ぶべきルーツがあると言っていいだろう。今でも上院は〝億万長者クラブ〟と呼ばれているが、金持ちが多いのは昔からの伝統なのである。

日本とは比較にならない一票の格差

このように、現在に至るまで下院と比べて非民主的な選任方法を有する上院は、その一方で大きな影響力を持つ。歳入の徴収を伴う法案を除き、上院と下院には同等の立法権が付与されており、日本のように参議院が可決しなくても衆議院で再可決できる仕組みはないので、上院は法案を完全にブロックすることができる。

また、上院は大統領の判断に干渉する権限を与えられている。大統領が任命した行政府の要職や連邦裁判官は、上院の承認を得なければ原則として就任できない。最高裁判所判事の任命に関して、上院による承認プロセスがたまにニュースで騒がれる（後述）。

上院は外交への影響力も大きい。国外に派遣される大使についても上院の承認が必要なため、承認にあたって大統領の外交姿勢が問われることがある。また、大統領が締結した条約も、上院の三分の二の議決で批准されなければ発効しない。第一次大戦直後、ウィルソン大統領が発案した国際連盟にアメリカが加盟しなかったのは、上院の批准が得られなかったからだ。

人数から見ても、上院議員の存在は重い。下院議員四三五人に対して、上院議員はわずか百人。それなのに影響力が大きいのだから、一人ひとりの力はさらに強いということになる。

　百という数字の根拠は極めて単純だ。憲法上、各州には人口に関わりなく二名ずつの上院議員が割り当てられている。これは、国政に対する影響力が特定の地域に集中する状態（たとえば、明治維新後の薩摩と長州のような状態）を避けるための仕組みであり、小さい州が大きい州に圧倒されないための措置でもある。「一国一票」を原則とする国際条約機構と同じような理論も背景にあるだろう。

　この仕組みはメリットがわかりやすい一方で、極めて大きな一票の格差を生むことも事実である。たとえば、人口五十万強のワイオミング州と人口三七〇〇万のカリフォルニア州とで上院の議決権は同じ。すなわち、上院におけるワイオミング州の市民の一票は、カリフォルニア州のそれの六十倍の影響力を持つことになる。五対一程度で「違憲」と判断される日本の一票の格差とは、まったく比較にならない。

　ほとんどの州議会でも、連邦議会と同様の二院制をとっている。二院とは、下院同様に人口比例で代表される院と、上院同様に郡単位で代表される院である。しかし、連邦議会と同じような仕組み（すなわち、人口比例の選挙区に議席が分配される下院と、人口と無関係に郡ごとに議席が分配される上院）を試みた州は、「法の下の平等原則」に反するとして米最高裁から違憲判定を受けた。連邦議会の上院議員における一票の格差だけは憲法に規定されている仕組みなので、どんな不平等が起きても違憲にならないというわけだ。

歌う上院議員

ただでさえ影響力の大きい上院議員だが、たった一人で立法プロセスを麻痺させることのできる大技がある。これは議会の運用ルールを利用したものだ。

下院が発する法案や文書には、「第○回目」と会期が記載されている。議員の再選率は先述した通り非常に高いが、下院は形の上では二年ごとに完全に更新されることになっている。そのため、運用ルールも二年ごとに採択されなければならない。前回のものをそのまま採択することも多いが、変更を付け加えようと思えば二年ごとにチャンスがあるわけだ。

それに対して、上院議員の任期は六年だが、二年ごとに三分の一ずつ改選されることになっている。三年ごとに半分ずつ改選される、日本の参議院と似た仕組みである。結果として、一時に更新されることがない上院は、休会があってもメンバーの入れ替わりがあっても、同じ組織として継続しているということが建前である。運用ルールも定期的に変更する機会がないため、昔からのものが残っていたりする。

こうした古いルールの一つに、「上院議員が議会のフロアで話を始めたら、どんな内容であろうが自らやめない限り、原則として打ち切ることができない」というものがある。下院には、審議日程の決定など様々な権限を付与された議長がいるが、上院の場合は、そのような強い権限を持つ役職は存在しない（党首など、別な次元で影響力を持っている議員はもちろんいるが）。

加えて、上院は〝紳士クラブ〟であるという建前から、他の議員の話を「もういいから黙れ」と遮ることのできる議事進行役もいない。というわけで、ひとたび上院議員がしゃべりだすと、その人の体力が続く限り、議案審議の進行が麻痺してしまうのだ。日本でかつて野党がお家芸としていた、「牛歩作戦」より強力なものだ。

上院議員なら誰でも使えるこの強力な武器は、フィリバスター（filibuster）と呼ばれる。フィリバスターは映画にも登場する。名作『スミス都へ行く』では、名優ジェームズ・スチュワート演じる心優しい無邪気な男スミスが、補欠の上院議員に任命されてワシントンDCに赴く。そこで政治の腐敗と利権を知った彼が、不正立法の阻止のために使った手段がフィリバスターであった。クライマックスで彼は、長時間に及ぶフィリバスターによって見事に目的を達する。クタクタになりながらも立派な演説を続ける姿を、ジェームズ・スチュワートが好演している。

もっともこれは映画の話。実際に行われるフィリバスターの目的は、そこまで立派でない場合が少なくない。たとえば一九六〇年代には、公民権運動（特に黒人の社会的地位向上のための運動）に関連した立法を阻止するために使われることがあった。公民権運動に寄与するため、ではなく、邪魔するため、である。一九九二年には、ニューヨーク州の上院議員が州内のタイプライター会社を助けるための法案をめぐって、なんと十五時間十四分のフィリバスターを決行した（トイレ休憩も無し！）。

フィリバスターにおいて上院議員がしゃべる内容も、さほど素晴らしいものではない。とにかくしゃべっていれば良いのだから、料理のレシピを朗読したっていい。合衆国の上院議員が議場で歌っている様子が、テレビで流れたこともあった。政治とはどこでも情けないものなのだ。

最近では、あまり劇的なフィリバスターは起きていない。議事進行のルール変更によってフィリバスターで上院が完全に麻痺することがなくなったせいもあるが、「フィリバスターをするぞ」という脅しだけで同じような効果が得られるので、実行する必要がなくなったという面もあるかもしれない。

二〇一一年夏、アメリカの与信枠拡大をめぐり連邦議会で熾烈なバトルが起きた。アメリカが債務不履行を起こすかどうか、すなわち米国債金融市場に破滅的な事象が起きるかどうかという事態に、世界中が騒然とする。最終的に債務不履行は起きなかったが、騒動の背景には「アメリカがこれ以上借金をするような法案はフィリバスターで葬る」という、一部の保守派（共和党）上院議員の脅しがあった。それは脅しに終わったが、このような政治的な問題があるためか、債務不履行がなかったにもかかわらずアメリカ国債は一つの格付け機関に格下げされた。

フィリバスターを乗り越える方法もないではない。上院のルールでは、五分の三の議決があれば議員の話を中止させることができる。百人のうち六十人以上の議決で、フィリバスターを封じられるのだ。

通常の議会であれば、過半数獲得が与党たりうる一つの目安だが、アメリカ上院の場合は六十人がカギになる。つまり六十議席あれば野党をほぼ〝無視〟できるが、単なる過半数ではかなりの妥協を強いられる。しかし、上院では民主党と共和党が同数に近いことが多く、どちらかの政党が六十人以上の議席を獲得していた時期は、ここ数十年ほとんどない。この状況に対しては、連邦議会が立法にあたって妥協せざるを得ないことは悪くないという評価もある。しかし、先ほどの信用枠をめぐる騒動のように、思い切った政策ができずに国政が麻痺してしまうという見方もある。

フィリバスターのような悪弊は、ルール変更で一掃すればよいと思うかもしれない。実は下院でも昔はフィリバスターが起きていたが、約一六〇年前にルール変更されてできなくなった。上院でも、運用ルールは多数決によって変更することができる。しかし、現行のルールはあまりにも歴史が長いため、〝準憲法的な〟ものとされている。そのため、不思議なルールがいまだに生き残っているのである。

「バケツ一杯のおしっこに値しない」副大統領

もちろん、すべての議案がフィリバスター沙汰になるわけではない。過半数の議決で決まることもある。ここで、賢明な読者は疑問に思うことがあるかもしれない。すなわち、各州が二名ずつ選任する上院の議員数は必ず偶数になる。共和党と民主党が議席の半分ずつに近ければ、しばしば議決がとんとんになるのではないか、と。実際にその通りなのだが、憲法の定めにより、副大統領が名目上上院の長にされており、賛否同数の場合に限って議決権を行使することができる。

合衆国憲法は、さまざまな面で三権間の抑制と均衡を設けているのだが（checks and balances。立法府・行政府・司法府は互いにつながっており、場合によって他府にちょっかいを出せるという制度上の配慮）、これもその一例である。実は副大統領というポストはかなり軽んじられていて、「バケツ一杯の温かい尿にも値しない」と言い習わされているほどだ。しかし上院が五十対五十に分かれた際には、副大統領の影響力が発揮される。

大統領にもしものことがあった場合のスペアーである副大統領の役割について、憲法はほとんど言及していない。なおジョージ・W・ブッシュ政権（二〇〇一〜〇九年）の「黒幕」と囁かれたチェイニー副大統領とその側近は、そのことを逆手にとって権限拡大を図っていたふしがある。「副大統領は行政府にも立法府にも属さない特殊な存在」ゆえ、憲法の制約をほとんど受けないというのだ。このような恐ろしい理論は、拡大していく一方の大統領の権限にも関係してくるが、これは次章の話題にする。

第3章　巨大権力が集中する米大統領

日本人は米大統領のことを日本の首相のアメリカ版のようなものだと考えるかもしれないが、両者はかなり違う。

まず、日本では基本的に与党の党首が首相になる。自民党や民主党の総裁選挙に際して、しばしば候補者が街頭演説などという芝居めいたことをするが、誰が首相になるかは国民が決めることではない。

一方、米国では議会と大統領の選出は別体系なので、上院・下院でどの政党が優位になっても、誰が大統領になるかには直接影響を及ぼさない。したがって、上院の与党が共和党で下院は民主党という二院間のねじれのみならず、上院・下院ともに与党は共和党でホワイトハウス（大統領）のみが民主党という「超ねじれ」状態が発生することも珍しくない。

二〇一二年の選挙は、民主党が上院、共和党が下院をそれぞれ支配するという、「超」という程ではないが、ある程度ねじれた政局の中で行われた。日本の国会と違って、いずれかの議院を「優位」にする憲法的措置がないため、共和党が下院で過半数を獲得しているだけで、どれだけ国民のために有益な立法案が連邦議会で提出されても、それがオバマ主導であればなかなか通らない。共和党としては、民主党のオバマ大統領を再選させないことが最優先課題だった。そのため、投票者の目に彼の手柄として映るような政策はすべて撲滅すべきとされ、国民のニーズが後回しにされたといわれている。

選挙の結果、下院は共和党、上院は民主党というねじれた状態が少なくとも次の議会選挙（二〇一四年）まで継続することになったので、オバマは二期目も引き続き苦戦を強いられる見込みだ。

国家元首＋行政府の長

首相とのもう一つの大きな違いは、米大統領は国家元首でありながら連邦行政府の長でもあるという点である。両方の役割を同一人物が担うことは、世界的に見ても珍しい。

たとえば、イギリスを例にとると、行政府の長は日本と似たような仕組みで選任される首相である。一方、元首はイギリス国王である。国家の行政機構を動かす実権は首相にあるが、名目上はイギリス国王の名において行使していることになっている。実際に議会を開催したり、法律を公布したり、大臣や政府要職を任命したりするのは首相だが、手続き上はイギリス国王（現在はエリザベス女王）の承認が必要とされる。

日本の天皇には、法律の公布や官吏の任命の認証、総理大臣の任命など、憲法で様々な役割が与えられている。しかし、それらもまた、あくまでも形式的なものである。なお、日本国憲法は国民主権の原則に基づく象徴天皇制度をとっているため、天皇が「国家元首」であるかどうかの議論はあるが、それはさて置く。

ドイツやオーストリアのように立憲君主制を廃止して共和国になった国でも、大統領と首相という二つのポジションを設けて、もっぱら形式的な元首の機能と、行政権とを別々にしている国は少なくない。

多くの君主および元首の役割が形式的なものである理由は、彼らを公平中立な存在として政局から隔離するためである。そうすれば、どれだけ政治がどろどろしていても、彼らは多くの国民にとって潔白かつ尊敬される存在たりうる。

仮に、英国王が個人的に気に入らない法律の承認を拒否したり、国会が指定した人以外を総理大臣に任命したりしたら、憲法問題になるだろう。それは、議会がどれだけとんでもない人物を首相にしても、その内閣が悪法を提案しても、議会がその法案を可決しても、国のシンボルである国王のイメージを下げないための仕組みである。

しかし、米大統領は違う。国家元首と行政府の長という、二身一体の存在である。連邦議会で可決された法案は、大統領が署名を拒否すれば法律として成立しない。つまり、他国では形式的なものとして元首に与えられている役割を、政治的な武器として駆使できるということだ。なお、大統領や行政府が立法過程に関与することも珍しくないが、大統領には日本の内閣のような法案提出権がないので、手続き上は味方の議員に提案してもらうことになる。

大統領が署名を拒否したとしても、法案は上下両院の三分の二の議決によって成立させることはできる。しかし繰り返し述べているように、両院とも五分五分に近い状態が続いている昨今の連邦議会で、それはほとんど不可能である。したがって、大統領が拒否権を行使すれば、その法案は廃案になってしまう場合が多い。

大統領の拒否権を乗り越えて法律が成立した例もある。有名なのは、ケビン・コスナー主演の『アンタッチャブル』等、無数のギャング映画の舞台となる時代を生んだ「禁酒法」（一九一九年可決）である。他に、情報公開法の改正も挙げられる。この法律は、日本の「行政機関の保有する情報の公開に関する法律」のモデルにもなったと言われている。

署名見解という飛び道具

このような強い権限について、何も実行できない首相が続いている日本の国民はうらやましく思うかもしれない。日本にも大統領制を、と叫ぶ人たちにとっては特にそうであろう。しかし大統領とて、むやみに拒否権を行使できるわけではない。あまり行使しすぎると、批判されるし、政治が膠着するし、進めたい政策に議会が協力しなくなる。

ところが大統領には法案に修正を加える権限がなく、法案の一部分だけが気に入らない場合でも、憲法上の原則としては、署名するか、拒否権を行使するか、何もせずに成立させるかという選択しか与えられていない（何もしない場合は、十日以内に連邦議会が閉会しない限り、十日後には署名がなくても法律が成立する。したがって、閉会間近でない限り、法案を黙殺するというオプションもない）。

選択肢が少ないため、大統領は署名にあたって法案に「署名見解」（signing

statement）を付すことがある。たとえば、「この部分は行政府に都合の良い解釈をする」とか「この部分の合憲性が疑わしい」といった但し書きを加えるのである。つまり、「法案に署名はしたが、適宜無視させてもらうかもしれない」と宣言しているようなものだ。署名見解は法律でもなんでもないが、憲法で連邦法の執行における最高責任者と定められた大統領の意思表示であるから、決して軽いものではない。

しかし、これは立法府である議会を無視した上に、司法府の判断を待たず勝手に「違憲」と判断するような行為である。大統領のこのような行為について、合憲性が疑わしいと主張する法律家は少なくない。法案に憲法上の問題があると考えるなら、大統領は拒否権を行使すればいい。もしくは署名した上で、最高裁判所が判断するまでは条文に忠実に執行するか、いずれかを選択すべきだという声もある。

現実には、この署名見解という技は今も使われている。特に軍の指揮権や外交のあり方について行政と立法とで意見が一致しないときに用いられ、むしろクリントン政権以来、多用されるようになったとすら言える。とくにブッシュ政権では、大統領の権限の範囲を拡大する意図が見える署名見解が多かった。

たとえば、９・11以降にＣＩＡや米軍が捕えた「テロの容疑者」に対して、国際法違反となるような拷問が行われたと報じられた後のこと。ベトナム戦争で五年間にわたり北ベトナム軍の捕虜となり拷問を経験したマケイン上院議員の主導で、二〇〇五年に軍による拷問を禁止する法律が可決された。9・11を繰り返さないためなら、テロの容疑者に対してあらゆる尋問方法を使うべきだと主張してきたブッシュ政権ですら、このような人道的な法案を拒否することは難しかったのだろう。その代わりブッシュ大統領は、この法律に対して「大統領の軍の最高司令官の憲法上の権限と合致した解釈をする」という署名見解を付け加えている。「拷問は基本的に禁止するが、解釈は大統領次第」というわけで、拷問に近いことをやり続ける余地を残したのだ。

このような行為は当然、世論の批判を浴びた。二〇〇八年の大統領選挙にあたって、オバマは自らの憲法学者としての経歴をアピールしながら「署名見解は使わない」と公約している。しかし大統領就任後は、ブッシュ政権ほどの頻度と内容ではないが、やはり署名見解を使うようになってしまった。このことは、ブッシュ政権で見られた行き過ぎの是正を期待していたオバマ支持者を失望させる原因の一つとなっている。ただ、一概にオバマを責めることはできない。誰でも自ら権能を弱めるようなことはしたがらないものだ。

日本国憲法第四十一条は国会を「国権の最高機関」と定めているが、合衆国憲法にはこのような規定がない。よって行政、立法、司法の三権が同等であることが連邦制度の大前提である。なお、大統領とは連邦政府の執行権を行使する身分であり、連邦議会が作った法律はおとなしく条文通りに執行する他はない、つまり連邦議会と大統領には非明示的な上下関係がある、という解釈もあり得なくはない。しかし、憲法に定められた自らの権能を侵すような規定が含まれる法案に対して、大統領は署名見解で対抗することがある。

政権が変われば行政が変わる

アメリカ人から見れば、日本では首相が変わっても国政は何も変わらないという印象が強い（日本人も同様だろうが）。その理由の一つは、首相にさしたる人事権がないことにあるかもしれない。実質上、首相が任命するのは内閣と多少のプラスアルファで、特に連立政権ともなれば、大臣ポストの配分についても政治的な制約を受けることが多い。首相秘書官も提供する省庁は決まっており、半分利権化していると聞く。

ただそれも、悪いことばかりではない。大臣に強い人事権があれば、現在の日本のようにコロコロ大臣が変わる状況では、現場の顔ぶれも次々変わってしまうことになる。それでは行政の実務は立ち行かないので、国の機能が麻痺してしまうだろう。しかし、現行制度のゆえに、役人がすべてを仕切る官僚国家になってしまっているという面もある。

ここでも、アメリカは違う。大統領が変われば、裁判所を除く各省庁のトップはもちろん、かなり下のランクのスタッフまで入れ替わる。日本でいえば、局長・部長クラスは大統領もしくは側近が選び、今までそのポストにいた人はクビになってしまう。公務員として身分が保証されている人もいるが、ポリティカルアポインティー（政治的な被任命者）がトップに据えられている部署は少なくない。

したがって、新政権になると連邦行政機関の指導層がほぼ完全に変わり、方針も急に変わることがある。各国大使も、ほとんど全員が交替だ。日本の検察庁にあたる連邦（国）の組織が各地にあるが、そのトップも一掃される。大がかりな異動が発生しないのは、連邦裁判所だけである（例外はある。たとえば、ＦＢＩを作り上げたことで知られるジョン・エドガー・フーヴァーは約五十年間にわたって国家警察組織の長官という強力なポストに居座り続けたが、それは組織の情報収集力を使って歴代大統領の後ろ暗いところを摑んでいたからだという説が有力だ)。

というわけで、連邦行政府は日本と比べてかなりポリティカルになる。世論に合わせて政策の方向転換がしやすいという側面もあるが、一方では偏りも発生しやすい。たとえば保守的なクリスチャンであるジョージ・W・ブッシュの政権では、彼と同じような強い宗教心の持ち主が要職につくことが多かったと言われている。公職に宗教的な条件を設けてはいけないと憲法に規定されているとはいえ(第6章第3項)、大統領の任命については、上院の承認さえあれば争うことが難しい。

ご褒美として与えられるポスト

このシステムのもう一つの弊害は、大統領の任命権が、大統領選に際しての資金提供やその他の貢献に対する論功行賞に使われがちなことだ。そのため、所管業務について深い知識や経験のない人が、しばしば連邦政府組織のトップに就いてしまう。

大使が典型例である。たとえばオバマ政権の発足当初、カリブ海の島国であるバハマ諸島の駐在米国大使を務めたのは、外交経験のない一九六八年生まれの慈善家であった。彼女が〝楽園〟に赴任した理由は、オバマの選挙資金調達に貢献したからであろう(なお、彼女は二〇一一年の十一月に辞任した)。

重要な省庁のトップも例外ではない。二〇〇五年八月末にニューオリンズ市でハリケーンによる甚大な被害が発生した際、米連邦緊急事態管理庁(FEMA)の長官だった人物には危機管理に関する経験がほとんどなかった。彼の主たるキャリアは、アラビア馬のブリーダー組織の役員というものだったからである。長官に任命されたのは、彼がブッシュ大統領の側近だったからに過ぎない。本人にも適性について自覚があったようで、ハリケーンが襲った翌朝「もう辞任してもいい?」とFEMA幹部にメールしている。

最近では特に、金融危機に関連して大統領の任命権のあり方が議論されるようになった。リーマンショック以来、世界で多発してきた財政危機の要因のひとつとなったのは、誰も理解できないような金融商品を開発し、詐欺に近い売り方でそれを市場にばらまいてきた巨大多国籍金融機関だった。

そのツケは、すでに失業率の上昇や福祉予算の削減で苦しんでいた納税者の肩に、重くのしかかった。その一方で、当の金融マンらは相変わらず桁違いのボーナスで優雅な暮らしを満喫している、というイメージを抱いている人も少なくない。かなり単純化した図式ではあるが、大手金融機関の暴走が世界的財政難の一因であることに異論を唱える人はいないだろう。

リーマンショックが起こったのは、ジョージ・W・ブッシュ政権下のことだ。当時の財務省では、長官も幹部の多くも、巨大金融機関の王とも呼ばれるゴールドマン・サックスのOBだったと言われている。オバマは選挙演説で、このような金融危機を生んだ政策とは異なる方針を表明したが、結局のところオバマ政権においても要職には同社OBが少なくない。

ここで一つ疑問がわくかもしれない。ゴールドマン・サックスの幹部から公務員になれば、年収が激減するのではないか、と。確かに年収は二、三桁少なくなる。となると、彼らは公益のために職を辞してまで政権に身を投じた、という見方も成立する。

もちろん、そういうモチベーションで政権入りした人もいるかもしれない。しかし、実はそこには意外な役得があるのだ。それも名誉欲が満たされるなどということではなく、もっと露骨なメリットである。

ゴールドマン・サックスのような金融機関を退職して金融行政を所管とする財務省などに任用されるにあたっては、保有している金融株を全て売却しなければならないことが連邦政府の倫理規定に定められている。これは利益相反をさけるための措置で、至極当然だろう。ところが、この売却義務は免税措置とセットになっている。政権入りのために株式を「売らざるを得なかった」のだから、資本利得税は免除してやるというわけだ。

二〇〇六年、ゴールドマン・サックスのハンク・ポールソン元会長はジョージ・W・ブッシュ政権の財務長官に就任するにあたって、保有していた市場価格約五億ドルのゴールドマン株を売却した。その際、彼は免税措置によって約二億ドルの節税をしたと言われている。これなら年収が限りなくゼロに近い金額（彼らにとっては）になっても、節税効果だけで十分ペイできるのだ。

もちろん、人脈や政治献金で要職についた人たちは、政権交替で一掃されることを覚悟しなければならない。しかし、以前に活躍していた業界に簡単に戻れる場合が多いし、在任中に構築したパイプを売り物にしてロビイストになることもできる。ちなみに、アメリカ各地の弁護士会の倫理規定では非弁護士との業務提携が禁止されているが、ワシントンＤＣの弁護士会だけは例外となっている。そのおかげで、法令案の内容などについてロビー活動をすることが多い首都の法律事務所は、弁護士資格のない元政府高官、元政治家と堂々と手を組むことができるわけだ。

大統領が任命する公務員について憲法が唯一規定している資格要件は、上院の過半数の承認を得ることである。したがって、あまりにもとんでもない候補者が任命されれば、上院で却下されることはある（上院が承認しない場合や、何もせずに黙殺を試みている場合、上院が休会中に臨時の任命ができる例外措置はあるが、詳細は省く）。しかし、承認すべき人の数は非常に多く（オバマ政権誕生の際は新たに千人が任命された）、現実問題としていちいち精査したり反対したりすることはできない。後述するように、承認プロセスがポリティカルな問題になるのは連邦裁判所の判事、特に最高裁判所判事のときくらいだ。

君主に替わる存在

イギリス国王の抑圧から解放されたと言っても、憲法草案者にとって国家元首の見本とは、もっぱらイギリス国王をはじめとするヨーロッパ各国の君主だけだった。したがって、世襲の君主・貴族制を導入しなくても、議会プラス国王というモデルが憲法の出発点になったとも言える。

大統領の選任方法と任用期間について、憲法制定会議はなかなか結論にいたらなかったと言われている。任期については、君主と同じく「非行がない限り無期限」という案もあれば、二十年という案もあった。一方、期間とは別に、就任回数を制限するかどうかも課題になった。結局、任期は四年とし、再選されれば同じ人物が繰り返し大統領になってもいいという仕組みが採用された。

ただし、新憲法下の初代大統領であるジョージ・ワシントンは、二期を務めたのち三期目の出馬を拒否した。憲法による制限はなかったが、彼が示した例に習い、その後約一五〇年間にわたって二期以上を務めた大統領はいなかった。

その暗黙のルールを破ったのは、一九三二年に初当選したフランクリン・D・ルーズベルトだった。大恐慌に第二次大戦という地球規模の異常事態が続くなか、四期目がはじまって数カ月で死去するまで、約十二年間にわたり大統領を務めた。

戦時中の大統領として人気はあったものの、同一政権が長く続き過ぎないよう一九五一年に憲法が改正されて、一人が大統領になれるのは二回までとなった(修正第22条)。厳密に言えば、選挙で大統領になれるのは二回までだが、大統領が死亡したなどの理由で副大統領から大統領になった場合、任期の残存期間が二年未満であれば、その後に二回選挙で大統領になっても良い。したがって、理論上は一人が最大十年間大統領でいられることになる。

不思議な選任方法

米大統領が国民の直接選挙で選ばれると思っている日本人は少なくないようだが、これも間違いである。大統領は、奇怪と言わざるを得ない間接選挙制度で選任される。

大統領の選び方は、任期・回数とともに憲法制定会議の争点となった。当初有力だったのは、連邦議会が大統領を選ぶという方式だ。この通りになっていれば、アメリカも日本やイギリスと同じ議会政治、すなわち議会で優位に立った政党が行政府の長を選ぶ制度になったかもしれない。ただ、そうすると行政府が立法府から独立していないことになるので、三権分立が完全には実現されない。結果として、連邦議会ではなく各州が大統領を選ぶという仕組みが採用された。

〝州が選ぶ〟といっても、各州が選出した〝選挙人〟（elector）が大統領を選ぶのだが、選挙人の選任方法については各州議会に委ねられている。憲法は、連邦議会の議員やその他の要職にある人は選挙人になれないと定めているだけだ。繰り返しになるが、アメリカはそもそも複数の〝主権国家〟による条約機構から始まったものとして考えた方が分かりやすい。それぞれ独自の伝統、政治体制、法律、立法制度などを持つ各州に、統一的な選任方法を押し付けることには無理があった。したがって、各州はそれぞれの独自の方法で選挙人を選んでいる。これは重要なポイントである。

現在、全州の州法では市民は投票によって自州の選挙人に「こっちの候補を大統領に」と指示を出し、選挙人はそれに従って投票する。選挙人は名前や顔のある「個人」として現れることはほとんどなく、ほぼ各州の選挙結果の媒介を果たすに過ぎない。つまり、大統領は直接選挙ではないが、限りなく直接選挙に近く見える間接選挙によって選ばれるようになってきたわけだ。このような選任方法がとられた一因には、過度な直接民主主義に対する憲法草案者らの警戒心があったと言われているが、第5章で説明する別の事情もあった。

選挙人制度の結果として、国民は大統領選挙でも連邦議会議員の選任と同様、憲法に担保された選挙権を持たない。選挙人の選任は、あくまでも州法に委ねられているからだ。したがって、現状では全州で一般投票によって選挙人を選任し、大統領への票の行方もそれで決まるようになっているが、そのやり方はいつでも変更できる。たとえば、選挙人は州議会の多数決で決めるとしたところで、憲法上は何ら問題ない。

現に二〇〇〇年の大統領選では、フロリダ州の一部地域で開票結果を再集計したことによって選挙人の選出が間に合わなくなった際に、州議会が選挙人を決定する作業に入っていた。結局は連邦最高裁判所の判決で片が付いたのだが、そのおかげでジョージ・W・ブッシュが大統領になったのである。

このように、各州の選挙結果でいわばプログラミングされた選挙人の多数決で、大統領選の勝負が決まるわけだ。

全国の選挙人の総数は五三八で、多数を取るには二七〇人が必要になる（二六九対二六九の結果になった場合は下院が大統領を選ぶことになる〔修正第12条〕）。五三八は、憲法に定められた数式によって打ちだされる数字である。各州に割り当てられる選挙人の数は、その州の上院議員と下院議員の数を基礎としている。たとえば二〇一一年現在、カリフォルニア州には五十三名の下院議員と二名の上院議員がおり、二〇一二年の大統領選挙の選挙人数は二つを合計した五十五名となる。

しかし、前章の内容を覚えている読者は、ここで疑問を感じるかもしれない。上院議員の総数（一〇〇）と下院議員の総数（四三五）を足しても、五三五にしかならない、と。実はあとの三人はといえば、憲法改正によって首都ワシントンＤＣに割り当てられているのである。驚くべきことに、世界に冠たるアメリカの首都の市民には殆ど参政権がないのだが、それは次章で述べる。

選挙人制度の問題点

この不思議な、見方によっては不必要なまでに煩雑な選挙人制度については、様々な弊害が指摘されてきた。

まず、連邦議員の割当てと同じく、一票の格差は無視できない。二〇一〇年の人口調査によると、カリフォルニア州の人口は三七〇〇万人。それに対して選挙人は五十五人だから、選挙人一人が約六十七万人のカリフォルニア市民を「代表」することになる。一方、人口五十六万しかないワイオミング州の三人の選挙人は、それぞれ十八万人を代表する。この差は著しく、「法の下の平等」原則とはとうてい相容れない。ただ、これまた憲法の規定によるのだから仕方がない。というより、もともと人口の少ない州を保護するための仕組みでもあるので、一票の格差があることはやむを得ないのである。

同じぐらい深刻なのは、ほとんどの州が選挙人の票をオール・オア・ナッシング（全てか無か）で一組の大統領・副大統領候補に投じる方法を採用していることである。再びカリフォルニアを例にとってみよう。カリフォルニア州では、地域差はあるものの全体的に民主党の支持率が高い。仮に大統領選（現実には選挙人の選挙）で民主党の候補が五十四パーセントの票を獲得し、共和党が四十六パーセントだったとしよう。そこで五十五人の選挙人のうち三十人（五十四パーセント）が民主党に、二十五人が共和党に投票するのであれば合理的でわかりやすい。しかし現行のシステムでは、五十五票すべてが民主党候補に行くことになってしまうのである。

このシステムと一票の格差とが重なることで、支持者の絶対数が少ない候補が大統領になってしまうということが起こりうる。二〇〇〇年のブッシュ対ゴアの選挙では、得票数ではゴアが勝っていたのにブッシュが当選した。かなり古い話になるが、一八七六年と一八八八年の大統領選でも絶対数の票の少ない候補が勝ってしまった。

一方、選挙人の数では圧勝に見える選挙結果が、支持率でいうと決してそうではないこともままある。たとえば二〇〇八年の選挙では、民主党のオバマ候補の選挙人三六五に対して、共和党のマケイン候補は一七三人。オバマの圧勝に見えるが、票の絶対数で見ると、オバマ五十二・九パーセントに対してマケイン四十五・七パーセントで、直接選挙だったとすれば圧勝とは言えない戦いだった（残り一・四パーセントはその他の候補など）。

二〇一二年の選挙の場合は選挙人の数こそオバマ三三二人対ロムニー二〇六人で、またオバマの圧勝に見えるが、票の絶対数では彼が五十・六パーセントと、辛うじて半数を超えただけだった。

この選挙人制度は、地域によって投票意欲を殺《そ》ぐ懸念があるという指摘もある。これについては、米国発の選挙報道を注意深く見ていただきたい。

二〇〇〇年の選挙ではフロリダ州を中心に、一部の地域で投票機械の不調や、投票用紙がわかりにくいといった問題が起きた。再集計の際、何を基準に不明瞭な投票用紙を判定するかという問題が全国ニュースでも指摘されただけに、その後、投票のやり方を変えた地域は少なくない。しかし、紙ベースの記録を残さないタッチスクリーン式の投票機の導入では、プログラミングによって結果を操ることができるのではないかという新たな疑念を招いてしまった。

このような経緯から、二〇〇四年のニューズウィーク誌は選挙前の十月十八日号に "Will your vote be counted?"（あなたの票はちゃんと集計されるか）というカバーストーリーを掲載した。記事には、各州における民主党・共和党の支持率が記載されている地図が添えられていた。これを見れば、先に説明したようにカリフォルニア州では民主党の支持率が五十四パーセントで民主党候補が有利であるのに対し、他の州では共和党がかなり有利であるということが一目瞭然である。

カリフォルニア州在住の共和党支持者が、「私の一票では何も変わらない」と考えても不思議はない。彼が投票しても、カリフォルニア州の選挙人の五十五票が全て民主党に行ってしまうことは決まりきっている。選挙日には大統領だけではなく、連邦議会の議員や州知事、州議会議員、その他の役職などの選挙が同時に行われるが、大統領選にしか興味がなければ投票所に行ってもしょうがない。何せほとんどの州では、結果はすでに決まっているようなものなのだから。

最近の例でいえば、英国の老舗誌エコノミストが二〇一二年七月七日号の米政治に関するコラムの中で、「オバマは十一月の選挙でウェストバージニア州で負ける」と平然と断言していた。これは、あたかも同州に住む民主党支持者に対して「投票しても意味がない」と言っているようなものだ。

また同年の八月には、米全国紙USAトゥデイに「今年の選挙では九千万人の投票者が投票しないかもしれない」というショッキングな予測が掲載された。内容としては、「投票しても何も変わらない」とか「どの候補も今一つ」など、米国民の政治不信を中心とする取り上げ方だったが、投票が激減した背景には、同紙のような報道機関が選挙のずっと前から「大統領選はごく一部の州で決まり、それ以外の州では勝負がすでについている」という類の報道をしてきたこともあったのではないか。

正しい選挙報道の見方

選挙人という独特の制度もあって、米国の大統領選関連報道からは誤った印象を受けやすい。

まず、十一月に行われる大統領選の約十カ月前から、州ごとの「予備選挙」が順次行われる。これは、それぞれの党内の戦いに過ぎない。本番の対決前に、各党の複数の〝大統領候補候補〟が対決するのだ。この戦いが派手にメディアで取り上げられるので、政治にあまり興味のない人は「アメリカ大統領選っていつまで続くの?」と不思議に思うかもしれない。

年によって、この予備選挙の面白さは異なる。二〇〇八年は、初の黒人大統領を目指すオバマと初の女性大統領を目指すヒラリー・クリントンが、民主党候補を巡る熾烈なバトルを繰り広げただけに十分な見せ場があった。一方の共和党も、ブッシュ大統領がすでに二期を務めていて通常なら現役の副大統領が出馬するところ、健康などを理由にチェイニー副大統領が立候補しなかったため、複数候補の選抜戦になった。一方、二〇一二年の大統領選では、民主党候補は現役のオバマ大統領に確定していたので、共和党の予備選挙だけが見どころになった。

報道を漠然と見ていると、各候補が大統領選に向けて全国を回り演説などに励んでいるように感じられる。実際にそうではあるのだが、厳密に言えば、彼らは大統領選挙のためではなく、予備選挙のために活動しているのである。

両党の候補が決まると、大統領選本番の選挙活動が始まる。ここが、もっとも誤解を生みやすいところだ。というのは、テレビでは候補者が手を振りながら飛行機から降りてきたり、レストランで有権者と握手したり、工場や会議場で大勢の人を前に講演したりしている映像が毎日のように流れ、あたかも彼らが全国規模の選挙活動をしているように見える。ところが、実は違う。

先ほど説明したように、選挙人制度の関係で、多くの州ではあらかじめ勝負が決まっているのだ。地図上で、共和党の支持率が目立って高い州を赤に、民主党のそれを青に表す慣行から、二〇〇〇年の選挙以降「レッドステート」「ブルーステート」という言葉が一般的になった。この呼称は、大統領選の枠を超えて保守的な州（レッドステート）と革新的な州（ブルーステート）を対比する際にも、よく使われるようになっている。

もちろん、全ての州で勝負が決まっているわけではない。したがって候補者は、どちらに転ぶか不明で、かつ選挙人の多い少数の州（「スイング・ステート」と呼ばれ、レッドとブルーが混ざっていることから「パープル・ステート」と言われることもある）を集中的に行き来している。

先のカリフォルニア州では、民主党の支持率が常に五十パーセント台（二〇一二年の大統領選では、同州のオバマ支持率は五十九パーセントを超えた）に達しているため、共和党候補がいくら頑張って選挙活動をしても無駄である。民主党候補からしても、カリフォルニアは釣った魚のようなもので餌をやる必要はない（なお、選挙資金を調達するために〝決まった〟州に足を運ぶこともあるが、その際のターゲットはただの有権者ではなく金持ちだろう）。結果的にカリフォルニア州は、五十五人もの選挙人を抱えていながら無視されるも同然ということになる。

一方、支持率が五十・五パーセント対四十九・五パーセントのような州では、選挙活動に力を注げば形勢が逆転するかもしれない。年によるが、ペンシルベニア州、オハイオ州、フロリダ州はよくスイング・ステートになる。人口が大きいこの三州で勝利すれば、六十七人の選挙人（二〇一二年の場合）を獲得できる。これは全体（五三八人）の十二パーセント以上にあたり、勝負がすでに「決まっている」州と合わせると、ここを押さえるだけで大統領選に勝てる可能性がある。したがって、メディアでよく見られる光景は、こうしたごく一部の州でのみ繰り広げられているというわけだ。

二〇一一年十月、CNN主催の共和党大統領選候補による討論会で、司会者から「世論調査によれば、あなたの支持率は一パーセントしかない。もっとオバマに勝てる候補が良いのでは?」という失礼な質問を受けたのは、ペンシルベニア州選出の上院・下院議員を歴任したリック・サントラム氏である。これに対して、彼は平然と答えた。

「僕以外の候補はスイング・ステートで勝てない。ペンシルベニア州はスイング・ステートだ。ペンシルベニアで勝てば大統領選に勝てるのだ」

聞きようによっては、まるで他の州はどうでもいいと言っているようにも聞こえる回答だが、これもまた選挙人制度の弊害を表していると言えるだろう（結局、サントラムは予備選挙で敗退し、ミット・ロムニーが共和党の候補になった）。

第三党の出現を阻むもの

選挙人制度にはもう一つ弊害がある。共和党、民主党以外の大統領候補にはほとんど勝ち目がなく、第三政党の出現をほぼ不可能にしているということだ（アメリカには両党以外にも政党はあるが、国政に対する影響力はほとんどない）。結果として米国民は、いつも二者択一的な選択を迫られている。このため、政治が他の国以上に馬鹿らしく単純な議論に陥りやすい。

この状態があまりにも長く、当然のように続いてきたためか、たまに共和党や民主党以外の候補が大統領選に出馬すると、単に落選するだけではなく不当な批判を浴びてしまうこともある。

たとえば、二〇〇〇年のラルフ・ネーダーである。一九六〇年代から自動車の安全性や環境保全関連の運動家として活動してきた弁護士である彼は、市民・公益団体の声がワシントンに全く行き届かないことに呆れ、自らのメッセージを広めるため米国緑の党の候補として大統領選に出馬した。結局、三百万弱（全体の二・七四パーセント）の票を獲得したが、これでは大統領になれるはずもない。

しかし、彼は一部の民主党関係者から猛烈な批判を受けた。なぜなら、どちらかといえば「左翼」に位置づけられるネーダー氏を選んだ人々は、彼が出馬しなければ民主党に投票したはずだ。したがって、紙一重だったこの選挙でブッシュ政権が誕生してしまったのはネーダーのせいである、という理屈だ。負け惜しみとはいえ、「我が党を支持していないリベラルの人たちの票でも、我が候補に投じられるのが当然」という露骨な思い上がりである。このあたりは見苦しいものがある。

大統領になれる人、なれない人

映画の『ターミネーター』シリーズでおなじみのアーノルド・シュワルツェネッガーは、一旦芸能界を離れて政界に入り、二〇〇三年から二〇一一年までカリフォルニア州知事（共和党）を務めた。俳優からカリフォルニア州知事へという転身の先輩は、ロナルド・レーガンである。ただしシュワルツェネッガーは、改憲（もしくはアクション映画のようなクーデター）がない限り大統領にはなれない。

憲法には、大統領の就任条件が規定されている。まず、あまり知られていない方から述べると、「大統領と副大統領は違う州の住民でなければいけない」というものがある。特定の州が極端に優位になることを防止するための規定だが、今となってはほとんど意味がない。

たとえば、ジョージ・W・ブッシュとチェイニー副大統領による政権は八年に及んだが、ブッシュはテキサス州の元知事で、チェイニーは同州ヒューストンに本社を置く巨大軍事関連企業ハリバートンのCEO（最高経営責任者）だった。つまり、二人ともテキサス州が地元だったのだ。選挙の数カ月前にチェイニーがワイオミング州に「転居」して、規定をクリアしたに過ぎない。ちなみにハリバートンは、ブッシュ政権がアフガニスタンやイラクに武力行使をするにあたって大いに潤ったといわれる企業の一つである。

また、憲法は大統領に年齢制限を設けている。三十五歳以上でなければ大統領になれないのだが、このことが問題になった事例はない。ちなみに、就任時に四十三歳だったケネディ大統領はしばしば歴代最年少と言われる。しかし、実際は一九〇一年のマッキンリー大統領暗殺にあたって、四十二歳で大統領に就任したセオドア・ルーズベルトが最年少というのが正しい。

現在では、年齢の下限よりも上限を設けるべきだと考える人もいるかもしれない。歴代最年長の六十九歳で就任したレーガンは、二期目を迎えるやボケているという噂が流れ始めた。もっとも憲法の条件になくても、あまりに高齢な候補についてはメディアも「あの年齢で大丈夫か」と頻繁に議論する。その点は、若い候補者のほうが有利かもしれない。

さてアーノルド・シュワルツェネッガーをホワイトハウスから締め出しているのは、大統領は「出生により合衆国市民」(natural-born citizen)でなければならない、という就任条件である。オーストリア生まれの彼は、帰化によりアメリカ人になったため大統領にはなれない。

ただ、natural-born は「アメリカ領で生まれた」と解釈することも可能である(強いて言えば、〝自然分娩で生まれた〟という解釈も)。二〇〇八年の大統領選に出馬した共和党のマケイン上院議員は、米国領時代にパナマ運河地区の海軍病院で生まれたため、natural-born と言えるかという疑問が生じるおそれがあった。後にパナマに返還されたこの地区が当時でも「アメリカ領」だったかどうかは微妙だが、ともあれアメリカ人の両親のもとに生まれた彼は自動的にアメリカ国籍を取得した。それでも念入りなことに、上院は選挙前に「マケインは natural-born citizen である」という議決をしている。

一方、ハワイで生まれた民主党候補のオバマ上院議員について、まずハワイ諸島の先住民団体から「ハワイはもともとアメリカが違法に奪った土地だから、オバマは〝アメリカ生まれ〟と言えない」という声があがった。この見解がまともに相手にされた痕跡はないが、大統領就任後も続いたより深刻な風評もあった。それは、ケニア人を父とし各地を点々としていたオバマは、本当はハワイではなく外国で生まれたので、大統領になる資格がないというものだ。

こちらは米国の右翼に定着してしまい、「正当な大統領ではないので、彼の命令には従わなくていい」という危険思想が、一時は軍や他の政府機関でも見られるようになった。そのため、当初は「あほらしい議論には付き合っていられない」というスタンスで対応していたオバマ政権も、二〇一一年ついにハワイ州発行の出生証明書を公表した(それでも、〝偽造説〟がなかなか消えない)。

オバマだけがここまで執拗にバッシングされたのは、黒人の血が半分混ざっている彼への理不尽な抵抗感が、アメリカ白人層の一部に深く根付いていることの表れかもしれない。二〇一二年の選挙で共和党候補となった白人のミット・ロムニーの父親はメキシコで生まれたにもかかわらず、一九六八年に大統領選に立候補した時に「アメリカ領で生まれなかった」ことがあまり問題にされなかったこととは対照的である。

拡大していく一方の権限

日本の首相は、国会で優位となった政党のトップでありながら、内閣を頂点とする行政府の長でもある。日本の国会にはアメリカ連邦議会のような立法的制約がなく、実態として多くの法案は官僚が策定して提案しているので、総理大臣は米大統領より強力な存在になってもおかしくない。しかし、現実は正反対である。米大統領が就任前からほぼ全世界で名前を知られているのに対して、日本の総理大臣は国際会議に参加する度に諸外国から「今回は誰だっけ」という扱いを受ける。

憲法の様々な制約をうけながらも、米大統領の権能がここまで強大であるのはなぜだろうか。それを検証するにあたり、次のハプニングを例にとりたい。二〇一〇年四月、オバマ大統領が米国全土ほぼすべての病院に対して次の命令を下した。

「入院患者の同性のパートナーに面会を許可せよ」

同性の結婚を認める州も現れはじめたほど、アメリカの制度は同性愛者に対して寛大になってきた。その一方、宗教的な影響もあって多くの州はまだ保守的で、長年一緒に暮らしてきた同性カップルでも、法的には他人として扱われるところが少なくない。したがって、同性愛者は入院中のパートナーの死に目に会えないことがままある。病院では、法に定められた親族のみに延命措置に関する決定や臨終時の面会をさせるので、地域や施設によって婚姻・血縁関係のない同性のパートナーは除外されるわけだ。法定相続のルールなどにおいても、同性愛のカップルが同じような不利益をこうむることが多い。

オバマの命令は、この問題を是正するものとして人道的に高く評価すべきであろう。しかし一般論としては、大統領の命令一つで全米の病院の方針を転換できることに問題はないのだろうか。公的な病院だけならともかく、民間病院にもこの命令は有効だった。オバマにそれができるのであれば、ブッシュのような保守派が次の大統領になれば、逆の命令を出すこともできる。これでは結局、多くの国民が大統領の思想や信条に振り回されることになりかねない。

医療行政に関して大統領がこのような権限を持つのは、メディケアおよびメディケイドという高齢者、障碍者、低所得者のための公的医療保険制度があるからである。アメリカには公的医療保険がないと誤解されることがあるが、実は連邦法に基づく巨大制度があり、ほとんどの病院にとってはこの制度を通じて得る報酬が死活を分けている。つまり、連邦政府が患者の医療費を一部負担する代わりに、アメリカ中の病院は大統領の命令に従わざるをえないのだ。

憲法上は驚くほど少ない権限と責務

連邦法・連邦政府が米国民の生活の隅々まで干渉できるようになってきたことは第1章ですでに触れた問題であり、第6章で説明する憲法解釈等の変貌という歴史的プロセスの結果である。本章では最後に、本来憲法に規定されている大統領の権限について検証しよう。

合衆国憲法には、以下の定めがある。

大統領の権限と義務

大統領は、

合衆国軍の最高司令官である。

上院の助言と承認を得て、条約を締結する権限を有する（上院の三分の二の賛成を要する）。

すべての合衆国官吏を指名し、上院の助言と承認を得て、これを任命する。

合衆国に対する犯罪について、刑の執行停止または恩赦をする権限を有する。

大使その他の外交使節を接受する。

法律が忠実に執行されることに留意する。

（第2章第2条、第3条、一部省略）


多少省略したとはいえ、憲法が規定している大統領の権限・責務は驚くほど少ない。本来であれば、連邦議会が作った法律を忠実に執行することが最も重要なはずだが、前述の通り、連邦法の内容と執行方法については大統領と立法部との間で葛藤がある。

しかし、憲法の規定が少ないからこそ、大統領の権限が巨大化したという側面もある。その理由の一つとして、大統領が元首として国家の主権を行使する身分であることがあげられる。一般に憲法イコール国家と考えられがちだが、仮に憲法が突然消えてしまったとしても、国は国として存続する。したがって国の権限は、特に国際社会において、憲法の有無とは無関係に存在するわけだ。そして国際法上、この国家主権的権限を行使してきたのは古来より君主であった。君主のいない米国では、大統領が代わりにその権限を行使する。

これらの権限の中で、もっとも典型的なものは外交権である。アメリカもその例に漏れないが、国家が生まれる、あるいは生まれ変わる過程においては、正式な政府の発足や憲法制定より先に、外交を行うことがしばしばある。この段階では、他国がそれを「国」として認めるかどうかが、国際法の上では非常に重要である。

日本国憲法第七条では、天皇の国事行為の一つとして〝大使及び公使を接受すること〟を定めているが、これは形式的なものにすぎない。一方、合衆国憲法もほとんど同じ文言（〝大使その他の外交使節を接受すること〟）で同じような役割を大統領に付与しているが、こちらは非常に重みのある実体的な役割である。

なぜなら、大統領が大使その他を接受するということは、アメリカが彼らを派遣した国を「国」として認めることだからである。すでに国として認めている場合でも、その政府を認めることになる。反対に、接受の拒否は、アメリカがその国・その政府を承認しないことを意味する。これは独立戦争により新しく建国しようとしている国や、クーデターや市民運動で新政府を樹立した人々にとって、文字通り死活問題である。

パレスチナを国連に加盟させるかどうかという昨今の騒動も、いわばこの延長線上にある。また古くは、米中関係にとって重要な事件があった。一九七九年カーター大統領は、台湾の中華民国政府に与えられていた「中国全土の政府」としての承認を、中国大陸を統治してきた中国共産党政府に与えなおした。「中華人民共和国」が、米国が認める唯一の中国となったのである。その後、中華民国（台湾）は国際社会の中で急速に孤立し、国際法上の「国」としての存在感を失っていく。

実質上、台湾は歴とした国でありながら、中国の圧力もあってアメリカや日本が「国」として認めないため、国連はもとより世界保健機関など多くの国際組織に加盟できない。もちろん、その国が「国」として認められるかどうかはアメリカだけで決めることではないが、アメリカ大統領の外交権行使には大変な重みがある。台湾はアジアでも民主主義の成熟度が非常に高い国だし、アメリカにとって様々な事情はあるにしても、パレスチナ政府も一応選挙という民主的な手続きを経たものだ。そうした性質にもかかわらず、〝民主主義の国〟から国家としての承認が得られないというのは実に皮肉である。

この権限について、米大統領が連邦議会から干渉を受けることはほとんどない。もちろん、干渉したければ議会が「外交はこうしなさい」という法律を作れるのだが、大統領が署名を拒否する、もしくは署名見解で骨抜きにする可能性は大きい（それに憲法上、議会には外交に口をはさむための立法権があるかどうか疑わしい）。

条約に関しては、まず大統領が署名しなければならないが、上院の三分の二の承認を受けることが憲法の要件となっている。しかし、一旦批准された条約を、大統領の独断で解除することもできる。たとえば、カーター大統領が中華人民共和国を〝唯一の中国〟と承認したとき、中華民国（台湾）とアメリカとの間に存在した条約は破棄されたのである。

条約より使い勝手のいい行政協定

すでに説明したように、アメリカの議会は共和党・民主党がほぼ半分ずつになることが珍しくない。したがって、上院の三分の二というのは高いハードルである。第一次大戦後、ウィルソン大統領の発案だった国際連盟に当の米国が加盟しなかったのも、条約の批准に必要な上院の承認を得られなかったからだ。

これに加えて、批准された条約は米国の国内法と同等の効力をもつようになるが、第2章で触れたように、連邦議会に付与された立法権限は限られている。そうすると、そもそも連邦議会が憲法上作れないような法律を、上院の承認程度の関与のみで条約の形で作れるかという重要な憲法問題がある。最高裁の判例では、〝作れる〟ということになっているが、それだけ批准への抵抗の原因になる。

たとえば、アメリカは世界で唯一「子どもの権利に関する条約」を締結していない。この条約には国内の家族法にかかわる内容が多いが、連邦議会は全国共通の家族法を作る立法権を持たない。仮にこの条約を承認した場合、実体として、上院が大統領および他国と共同で、本来なら連邦議会が作れるはずのない家族法を作ることになる。こうしたジレンマがあるため、上院は条約批准に慎重になっているのだ。

しかし、立法権が連邦にあるか州にあるかというのは、あくまでもアメリカ国内の問題である。それがいちいちひっかかって条約が批准できないということでは、外交は進められない。ところが、米大統領にはこの面倒くさい承認プロセスを避ける手段がある。その手段とは、外国との合意を、条約ではなく行政協定（executive agreement）の形で締結する、というものだ。上院に批准された条約はアメリカ国内においても法律として効力を持つが、行政協定はそのような効力を持たない。ただし外交においては、同じ内容がアメリカ国内で効力を持つかどうかはあまり重要でない場合がある。

一九六〇年、日米安保条約と同時に結ばれた合意書に「日本国とアメリカ合衆国との間の相互協力及び安全保障条約第六条に基づく施設及び区域並びに日本国における合衆国軍隊の地位に関する協定」というものがある。日本語で「日米地位協定」、英語ではStatus of Forces Agreementもしくは「ＳＯＦＡ」と省略され、在日米軍基地の施設の運用や、米軍人およびその家族の日本での法的位置づけを規定している。このＳＯＦＡのおかげで、米軍人は日本において一種の治外法権を付与されているのである。

各地の基地から、六本木近辺にある米軍のレジャー施設に便利な麻布へリポートへと向かう米軍機は、日本政府の航空管理体制下に属さないらしい。

ＳＯＦＡは日本国民にとって日常生活にかかわる内容を多く含むが、アメリカにとっては国際条約ではない。単なる行政協定である。モデルとなったのは、北大西洋条約機構（ＮＡＴＯ）のＳＯＦＡだ。こちらは条約の一部として締結・批准されたから、日本のものとは違うとも言えるが、実際の効力は同じである。協定にしても条約にしても、その影響を受けるのがもっぱら他国民であれば、手続き的に簡単な方を選ぶことには一理ある。

行政協定にはもう一つメリットがある。それは、秘密にできることだ。条約と違って連邦議会に諮る必要がないのだから、大統領は誰に干渉されることなく自由な外交政策ができる。一九七二年に連邦議会は、条約以外の外交協定を締結した場合、大統領は速やかに通知しなければならない、という内容の法律を可決した。しかし、この法律はその後のほとんどの大統領に無視されている。

一九七二年といえば沖縄返還の年でもあるが、日本国・日本人にとってこれほど重要な歴史的転換も、条約ではなく行政協定によって実現された。そして、そこに〝密約〟があったことは日本では有名な話である。ことほどさようにアメリカの外交は、民主的なコントロールが及ばないところで進められることがある。

干渉を受けない「統帥権」

日本国憲法第六十六条二項は、内閣総理大臣その他の国務大臣は〝文民〟でなければならないと定めている。多くの日本人にとって〝文民〟という単語には馴染みがないかもしれないが、それもそのはず。この言葉は、GHQが作った憲法の草案を和訳するためにできた造語だと言っても過言ではない。もともとの表現はcivilian、すなわち〝軍人でない人〟だ。

この条文の趣旨は、軍人の上に選挙で選ばれた非軍人を置くことで〝シビリアン・コントロール〟（文民統制）を徹底し、戦前日本で起きたような軍部の暴走を防止することにある。合衆国憲法にもシビリアン・コントロールの規定がある。それは、米軍の〝最高司令官〟は大統領である、という趣旨の規定である（第2章第2条第1項）。

軍を動かすことは、国際政治・外交の延長線にある。したがって、シビリアン・コントロールの原則を抜きに考えても、外交権を付与された大統領に軍の指揮権が統括されていることは、それなりに合理的であろう。ただ、これでは国政の非常に重要な決定事項が、議会ではなく大統領に委ねられていることになる。しかも、大統領が選挙で選ばれた〝文民〟であるとは言え、ひとたび当選すれば四年間は好き勝手に軍を指揮できる。特に二期目なら次の選挙がないので、やろうと思えば相当のことができるだろう。

しかも、軍の最高司令官であることで、大統領は連邦議会の重要な権限を骨抜きにすることができる。憲法の第1章第8条第11項では、「宣戦布告」は連邦議会の立法権の範囲内とされているが、この権限はアメリカの歴史において何回行使されたことがあるだろうか。つまり、憲法が発効した一七八九年から現在にいたるまで、アメリカが他国に対して正式に宣戦布告した件数はどれぐらいか。

第二次大戦後だけでも、アメリカは朝鮮半島、ベトナム、イラクなど、いろいろなところでドンパチやっていると思われるかもしれないが、正解は五回だ。すなわち、米英戦争（一八一二年）、メキシコとの米墨戦争（一八四六〜一八四八年）、スペインとの米西戦争（一八九八年）、一九一七年から参戦した第一次大戦と、一九四一年の真珠湾攻撃が引き金となって参戦した第二次大戦である。

米国がかかわったこれ以外の〝戦争〟（たとえば朝鮮戦争、ベトナム戦争、アフガニスタンやイラクなどでの軍事行動）は、宣戦布告を伴わない武力行使である。このようなことが可能になるのは、宣戦布告の有無に関わりなく、大統領が最高司令官として〝動け〟という命令をくだせば、軍はそれに従わざるをえないからだ。宣戦布告を待つべきなのでは？　と思われる読者がいるかもしれない。しかしそれでは、たとえ敵の攻撃を受けたとしても連邦議会が動くまで対応できないし、パキスタンに特殊部隊を送り込んでウサマ・ビンラディンを殺害したような奇襲作戦も不可能になる。戦術・戦略上の甚大な制約になってしまうのだ。

国民の支持を得られず、事実上米国の敗北に終わったベトナム戦争の教訓を受けて、連邦議会は一九七三年に「戦争権限決議」（war powers resolution）を可決した。これは、大統領が武力衝突の予想される環境に軍隊を送り込んだ場合、ただちに連邦議会に報告するとともに、六十日以内に連邦議会による宣戦布告その他の認容行為がなければ軍を撤退させなければならない、というものである。

それでも、その後の大統領たちは、決議の合憲性を争わないまま尊重したり、あるいは完全に無視したりと、それぞれの都合次第に振る舞ってきた。何せ多くの場合、大統領の基本姿勢というのは「議会とはなるべく仲良くするが、最高司令官は俺なのだから、軍の活用については誰にも口出しさせない」というものだからである。

最新の事例は、二〇一一年に見られた。カダフィー独裁政権の崩壊に伴って、リビアでは米軍を含むNATO軍が空爆などの軍事行動を続けてきたが、この作戦の開始について も、その六十日以上の延長についても、オバマは連邦議会の了承を得ようとしなかった。

オバマ政権の言い分は、「この作戦ではリビアに地上部隊を送らず、もっぱら空爆とミサイル攻撃のみである。カダフィー側は反撃できず、米軍人が被害にあう可能性はない。したがって、決議上の報告義務等は発生しない」というものだった。ロジックが成立しているかはともかく、他の主権国家に爆弾を落としてその国民を殺しているという点においては戦争と変わらないため、この強弁を問題視する人は少なくなかった。

このような場合、連邦議会にできるのは軍への資金供給を止めることだが、それで最初に影響を受けるのは現場の兵士である。選挙を控えている議員としては、〝国のために命がけで戦っている兵士を見捨てた〟という悪評は避けたいため、及び腰にならざるをえない。したがって、法的には戦争を止めることができても、それは現実的な手段ではないのである。

このような事情から、大統領が外国に爆弾を落とすという宣戦布告同然の行為をしても、連邦議会はそれを止めることができない。多少の試みは可能だが、最高司令官は大統領なので、最終的にはそうした干渉を違憲として無視してしまう。まるで戦前日本の軍部が政治家の介入を排除するために用いた、「天皇の統帥権への干渉」と同じような理論である。

憲法を守るか、国を守るか

もちろん、大統領がこのような強い権限を持つことについては、それを正当化する論理が（いちおう）ある。それは、国が存続しなければ、憲法はただの紙屑になるではないか、というものだ。

一八六一年に南北戦争が勃発した際、当時のリンカーン大統領は人身保護請求権を停止するなど人権侵害的な強硬手段を取り、それに関する最高裁の是正命令まで無視した。〝憲法以外の法律がすべて執行できていない状態において、憲法のみが侵害されないがために政府まで破滅しなければならないのか〟というリンカーン大統領の抗弁にあるように、憲法以前に国があり、国の存続は憲法の遵守より重要である。大統領は、憲法に規定される存在である一方で、軍を動かすことで国の存続を担保する責任を負っている以上、大統領が憲法を無視する場合もあることは理解できないわけではない。

このときリンカーンが用いた理屈と、同じ様な意味を持つ The constitution is not a suicide pact.（憲法は集団自殺協定ではない）は、アメリカ政治における格言になっている。

このような背景があるため、「有事の際」はどうしても大統領の権限が強くなる。そして一度強くなった権限は、「平和状態」が復活してもなかなか弱まらない。そのためか、第二次大戦後には議会ではなく大統領による「宣戦布告」が目立つようになった。一九六四年にジョンソン大統領は〝貧困〟に対して、一九七一年にニクソン大統領が〝麻薬〟、一九八二年にレーガン大統領が再び〝麻薬〟、そして二〇〇一年にブッシュ大統領が〝テロリズム〟に対して、それぞれ宣戦布告をしてきた。

もちろんこれらは国際法上の戦争ではないので、連邦議会の議決も不要だし、あくまでも政治的なスローガンに過ぎない。それでも「戦争」というレトリックを使って「国の存亡」に関わるかのように示唆することによって、大統領が強力な手段を用いて対応しても良いというアピールが暗に含まれている。現に、ブッシュ大統領は9・11以降、「テロリズムとの戦争」を大義として掲げて、無令状の大規模通信傍受など、憲法上は許されない施策をしてきた。

先ほど紹介したリンカーン大統領の疑問が持ち出されたのは、まさに連合体としてのアメリカ合衆国の存亡がかかった南北戦争に際してのことだった。一方で、9・11がいかに衝撃的で大きな被害をもたらしたものであっても、それはアメリカという国を崩壊させるほどの攻撃ではなかった。むしろ、その後に米政府がとった国内外の政策の方が、理念・理想の面においてアメリカに打撃を与えたという声すらある。その意味では、

9・11を企てた少数のテロリストの思惑は見事に成功したという見方もできる。

アメリカ人を守る最高司令官として、いまや米大統領はどこで何をしてもいいという風潮になってきたが、本来それは憲法に想定された姿ではない。合衆国憲法は、大統領を軍の最高司令官と定めることによって軍部の暴走を抑制することに成功した。しかし憲法草案者たちは、大統領の暴走までは想定していなかったかもしれない。

第4章　参政権のないアメリカ人、特権を持つアメリカ人

ここまで読んでいただいた方の中には、議会構成や大統領の選び方に多少の問題はあっても、現在のアメリカは平等の国であって、断固として人種などを理由とした差別をしない、というイメージを抱いている人もいるかもしれない。また、そのように思っているアメリカ人も少なくない。それは一般論としては間違っていないかもしれないが、実は意外なところに、とんでもない制度的な差別が存続しているのである。

知られざる首都のモットー

渡米されたことのある方は知っているかもしれないが、アメリカでは車のライセンスプレートが州ごとに異なる。これも、各州が一種の主権国家だった頃の名残である。州によって色や模様が異なるので、どれだけ多くの州のライセンスプレートを見つけるこ

とができるかというゲームは、長時間ドライブの際に子供たちがよくやる退屈しのぎの一つである。

このゲームをもっと高度にしようと思えば、各州のライセンスプレートに表記されるその州のスローガンやモットーを暗記すればいい。たとえば、日本人になじみの深いハワイ州は、ハワイ語の挨拶から「アロハ・ステート」（アロハの州）を自称している。カリフォルニア州なら「ゴールデン・ステート」（黄金の州）、といった具合である。

さて、アメリカの首都であるワシントンＤＣのライセンスプレートには、どのような言葉が表記されているのだろうか。なんと、第１章からおなじみの「代表なき課税」(taxation without representation) なのである。しかも、独立当時の勇敢な歴史をアピールするためではなく、米首都の市民の現状を嘆くためである。

というのもワシントンＤＣに住むアメリカ人は、参政権をほとんど与えられていないにもかかわらず、他州同様に連邦税の納付義務を負っているからだ。アメリカの政治家や高官は、そのお膝元で「代表なき課税」というモットーを日常的に目にしながら、海外へ赴いて民主主義について説教を垂れていることになる。何という皮肉だろう。

州ではないアメリカ領

時間の余裕がある読者には、ぜひ合衆国憲法の和訳を読んでいただきたい。そして「州」という単語が現れるたびに、「州でなければどうなる?」と考えてほしい。ワシントンDCをはじめとした〝州ではないアメリカ領〟(以下「非州地域」)の観点から精読すれば、合衆国憲法は、多くの国が参照する「模範的な」文面から、多くの疑問を呈する奇怪な憲章へと化ける。日本人に馴染みの深いグアムを例にとろう。日本語ではグアムの属性を〝準州〟と訳すが、憲法の観点からすれば州であるかないかは雲泥の差なので、〝非州〟とした方が的を射ている。

現在の米国には五十州の他に、六の非州地域がある。首都ワシントンDCに加えて、多くの日本人に親しまれている北太平洋のグアムと北マリアナ諸島(サイパン・ロタ・テニアンなど)、カリブ海のプエルトリコと米領ヴァージン諸島、それから唯一南半球にあるのが米領サモアである。そのほか、太平洋には第二次大戦で有名なミッドウェイ諸島やウェイク島もあるが、定住人口がないため本論では対象外とする。

かつては、さらにフィリピン(終戦直後に独立)、前章で紹介したパナマ運河地域(一九九九年にパナマに返還)と太平洋諸島信託統治領(旧日本統治の南洋の一部で、

地域名	所在	人口（人）*	面積(km²)
プエルトリコ	カリブ海	3,725,000	8,870
ワシントンDC	アメリカ本土	601,000	177
グアム	北太平洋	159,000	544
米領ヴァージン諸島	カリブ海	106,000	346
米領サモア	南太平洋	55,000	199
北マリアナ諸島	北太平洋	53,000	464
	合計	4,699,000**	10,600***

*2010年４月１日現在

**50州を含む全アメリカ領の総人口（312,913,000人）の約1.5%。

***50州を含むアメリカ全土総面積（9,161,966km²）の約1.2%。

表２　アメリカ領の非州地域の概要

アメリカ領となった北マリアナ諸島以外は、パラオ共和国、マーシャル諸島共和国等として独立国家になった）という、アメリカ統治下の領土もあった。

現行の非州地域については、表2を参照されたい。それらはアメリカの総人口・総面積のごく一部に過ぎないが、一方でプエルトリコの人口は約二十の州のそれを上回る。ワシントンDCより人口が少ない州もあり、州でないことだけを理由にその存在を軽視することはできないはずだ。

憲法を改めて精読するまでもなく、本書のこれまでの内容だけでも、非州地域に住むアメリカ人に憲法上の参政権がほとんどないことは明らかである。なぜなら、第2章で述べたように、連邦議会は上院議員も下院議員も州単位で配分されるため、州でない地域には議員が割り当てられない。また第3章にあるように、大統領を選ぶ選挙人は下院・上院の人数に応じて各州に割り当てられるので、改憲で辛うじて三人の選挙人を与えられたワシントンDC以外の非州地域には選挙人がない。アメリカを条約機構と考えた場合、州として加盟していない限り、機構の運用を決定するプロセスに参与できないわけだ。

それでは「非州地域も州になれば良い」と思われるかもしれない。論理的には不可能とはいえないが、そこには高いハードルがあり、実際には困難である。まずワシントンDCの場合はもともとメリーランド州とバージニア州から譲渡された土地であり、連邦議会の管轄下の存在として規定されているため、州にするには改憲が必要だと言われている。それ以外の非州地域については、確かに憲法上は連邦議会の承認により新しい州として加盟することができる。しかし、そこには既存の州との利害関係が絡む。

新しい州には最低下院議員一人、上院議員二人を割り当てなければならない。第2章で説明したように、下院議員に関しては他の州が再分配のあおりをくらうことになる。また、グアムや米領ヴァージン諸島のように人口の少ないところに上院二人を与えることになれば、抵抗を感じる人は少なくないはずだ。それによってライバル政党が有利になるようなことが想定されればなおさらである。

なお、二〇一二年の選挙の見所の一つは、プエルトリコの住民投票で「州になる」という提案が過半数を獲得し、久しぶりに星条旗の数が増える可能性が生まれたことだった。しかし、連邦議会の承認が必要となるため、州になるまでの道のりは長く、当面は実現しないだろうという見方もある。

いずれにせよ、プエルトリコにしても他の非州地域に関しても、参政権がない状態が続いていいはずがない。

名目的な下院議員

なお、非州地域の市民とて、まったく国政に参加できないわけではない。たとえば大統領選については、予備選挙に投票できる。しかし、前述の通りこれは「党内」の選挙にすぎない。議会に関しても、各非州地域が一人ずつ下院議員を選出できることになっている。しかし、ここにもいろいろと問題がある。

まず表2の人口データを見ればわかるように、地域によって票の重みがかなり異なる。人口五万人しかいない北マリアナ諸島と、人口三七三万人のプエルトリコで議員数が同じなのだ。州と比較すると、この不平等はさらに顕著になる。米領サモアの人口は、ワイオミング州の人口の十分の一しかない。それでも議員数は同じなのだから、優遇されているとすら言える。一方、五人の下院議員を選出するオクラホマ州より人口が大きいプエルトリコにとっては、不当に差別されていることになる。

それでも、実質的には一票の格差は生じない。なぜなら、彼らは〝一人前の下院議員〟ではないからだ。後述するように、連邦議会は非州地域に関する広範な立法権を付与されているため、連邦法によって各地域に下院議席を設けることができる。ただし、これらは憲法ではなく〝ただの法律〟による議席なので、憲法に基づいて各州に割り当てられる議席よりワンランク下にみなされているのだ。

各州の下院議員が member と呼ばれるのに対して、非州地域の議員は delegate（代表者）もしくは resident commissioner（駐在理事）と呼ばれる（本書では等しく「議員」と呼ぶ）。また名称だけでなく、下院の運用規則でも妙に差別的な扱いを受けている。

一般の下院議員同様、非州地域の議員もワシントンにオフィスを持ち、立法・調査委員会に所属するなどの議員活動や、委員会などにおいて議決権を行使することはできる。しかし、下院としての議決行使（つまり、法案の可決など）について、彼らは実質的な議決権を持たない。なぜなら、憲法では立法プロセスに対して州選出議員の関与しか想定していないからだ。憲法に定められた存在でない非州地域選出の議員は、憲法が規定する立法過程に対する影響力を持たないのである。これを変えるためには、憲法を改正しなければならない。

各非州地域の住民は、このような非憲法的議員を通じて連邦議会から情報提供を受けることはできるが、国政については確たる影響力を持たないことになる。なぜなら、彼らが選出した議員には他の議員との駆け引き材料となる議決権がないからである。だとすれば、このような議員が一人いても五人いてもあまり変わらない。すなわち一票の格差問題は生じないが、それ以前の大きな問題があることが明らかであろう。

各非州地域の法律はすべて連邦法によるものだが、非州選出の下院議員は連邦法が可決される過程に参加できない。グアムを例にとると、島の統治機構や島民の人権を定める実質上の憲法にあたるのは「グアム自治基本法」という連邦法である。したがって、グアムの住民がその〝憲法〟を変えるためには、グアム選出の議員を通じて議決のある各州の議員に「お願い」せざるを得ない。また、グアムに住む人々の諾否なしに、その〝憲法〟の内容が変えられることもあり得る。

島の約三分の一が米軍基地に占有されているグアムの島民は、連邦議会を通じて基地再編に直接関与することができないだけではなく、その駐留軍を動かす大統領の選任においても除外されている。アメリカ国民でありながら、非州地域に住んでいることによって劣等的な身分を強いられているわけだ。

二〇〇六年、日米両政府が公表した在日米軍基地再編計画によれば、沖縄県普天間にある米軍基地を日本に返還し、海兵隊の大部分をグアムに移転することになっていた。計画が実現するかは怪しくなってきたようだが、いずれにせよ引き続き大きな負担を強いられることについて、沖縄県民の多くが不満を抱いていることは理解できる。ただしグアム島民の場合、移転を決定した連邦政府を選ぶプロセスに参加すらできないのだから、沖縄県民より一層不公平な状況に置かれているとも言えよう。

結局のところ、グアムはいまだにアメリカの植民地なのである。これは筆者の大げさな評価ではなく、国連の非植民地化特別委員会の判断である。同委員会によると、世界にはいまだに十六の〝非自治地域〟(non-self governing territories)があり、グアムと米領サモアがそのうちの二つとされる。

グアムの地元紙であるPacific Daily Newsの二〇一二年九月一日号に掲載された読者への疑問は、それを物語っている。それは「もしあなたが大統領に投票できたとすれば、どの候補を選ぶ?」(If you could vote for president, which candidate would you choose?)というものだ。

文房具と同列に扱われる非州地域

参政権以外の側面も見てみよう。主権国家(州)としてアメリカ合衆国という条約機構に「加盟」していない非州地域は、連邦と州の関係調整を主たる目的とした合衆国憲法の枠外にあると言っても過言ではない。実は、憲法で州以外のアメリカ領について言及しているのは、次の二項のみである。

第1章　立法部
　第8条　連邦議会の立法権限
　　第1項　連邦議会は、つぎの権限を有する。(以下略)
　　第17項　特定の州から割譲され、かつ、連邦議会が受領することにより合衆国政府の所在地となる地区*(但し十マイル平方を超えてはならない)に対して、いかなる事項についても専属的な立法権を行使する権限(以下略)。

第4章　連邦条項
第3条　新州および連邦財産条項
第2項　連邦議会は、合衆国に属する領有地その他の財産を処分し、これに関する必要ないっさいの準則および規則を定める権限を有する。（以下略）

＊すなわち、現在のワシントンDC。なお、米首都の所在地は連邦政府がメリーランドとバージニアから譲り受けた領土である。

要するに、連邦議会はワシントンDC、アメリカ各地にある連邦政府の施設、および州以外の米国領について、一切の法律を作る権限を有しているのだ（なお、領有地等については「法律」でなく「規則」となっているが、なぜか一般に「法律」と読み替えて解釈する）。なかでも首都以外のアメリカ領に関する憲法上の定めは第4章第3条第2項のみだが、それは「財産条項」のうち「他の財産」に関するものである。つまり憲法上、人口三百数十万人のプエルトリコ島は、連邦政府が調達する文房具やその他の「財産」と同じ位置づけだということだ。

しかも、第2章では連邦議会の立法権が限定されたものであるという説明をしたが、実は非州地域に関しては例外であり、ほとんどどんな法律でも作れるのだ。これはアメリカの司法試験のひっかけ問題によく使われるネタである。たとえば、「連邦議会が離婚に関する法律を作った場合は合憲か」のような試験問題に対して、本書の第2章までしか読んでこなかった受験者は「連邦議会は家族関連の法律を作る権限がないので違憲だ」と答えるかもしれないが、本当は「ワシントンDCなど、非州アメリカ領のための離婚法であれば合憲だ」が正解である。

州ではないと言っても、人間が住んでいるのだから州と同様に家族法、相続法、その他の民法や一般刑法が必要である。この立法は当該する非州地域の自治体に委ねられることもあるが、遠く離れた連邦議会が作る（厳密に言えば、連邦法でその地域の自治体を作り、必要な立法を委任する）こともできる。

もっと驚くべきことに、非州地域には憲法の権利章典が適用されない場合もある。こうした地域がアメリカ統治下にあるにもかかわらず、連邦政府による「財産管理」の都合上、権利章典その他の憲法の条文は無視しても差し支えないという、最高裁による一連の判例があるのだ。

またグアムを例にとるが、一八九八年からアメリカの〝財産〟であり、太平洋戦争中は唯一日本軍に占領された定住人口のあるアメリカ領であったにもかかわらず、グアムの島民にアメリカ国籍が認められたのは、なんとグアム自治基本法が制定された一九五〇年であった。

領土の拡大と憲法解釈の変貌

州の連合体として生まれた当時、アメリカ合衆国には十三州の他に平和条約でイギリスから譲り受けた「北西部」（現在の州で言えばオハイオ、インディアナ、イリノイ、ミシガンとウィスコンシン等が所在している地域）という領土があった。どの州でもないこの土地は、いわば合衆国政府直属の〝財産〟だった。当初から、（アメリカ人）人口がある規模になったところで新しい州として合衆国に編入されることが予定されており、憲法にはそのための規定が用意されている（第4章第3条）。

その後、アメリカ合衆国は購入や戦争によって次々と新しい領土を獲得し、西へと拡大していった（なお、条約によって外国から購入したのはルイジアナやアラスカだが、憲法の上では連邦政府にそのような〝買い物〟をする権限はないという指摘もあった）。多くの場合、新しい領土はまず連邦政府所管のテリトリー（領土）になり、ある程度まで人口が増えて議会やその他の自治組織ができた時点で、州としてアメリカ連邦に加盟した。こうして十九世紀末までに、アメリカ領の現在形がほぼ完成しただけではなく、ほとんどのテリトリーが州として合衆国の一員になっている。

このような歴史的背景があったため、「州ではないアメリカ領に憲法の効力が及ぶか」という問題はしばしば裁判になり、及ぶ場合と及ばない場合があるという判例法ができていた。

十九世紀末までの領土の発展は、主にアメリカ人やその他の白人種が既存の州から西へと進出して、新しいテリトリーを開拓するという方法が一般的だった。場所によっては、退役軍人などに「あそこに行けばただで土地をやる」と移住を勧めることもあった（このように、〝何もない〟状態から市民に分配すべき財産を創出できたことが、長らくアメリカの国力基盤のひとつとなってきたと言える。現在の米政府が知的財産権の強化を絶え間なく主張するのは、あるいはその延長線ではないか）。

とにかく、「アメリカ人らしい」人々によって開拓され、「アメリカらしい」自治体が次々と組織された新米領は、最終的に新州として編入されることが期待されていた。したがって、連邦政府下のテリトリーであるうちは憲法の効力が完全に及ばなくても、いずれ州になるのだからと考えればよかったわけだ。

十九世紀のアメリカ支配層には、カナダを含む北米大陸全土がいずれ合衆国になって然るべきという思想が根強くあった。しかし一八九八年、スペインとの戦争を境に新領土に関する考えは変わる。

この時代の帝国主義戦争の典型例とも呼べる米西戦争では、ごく短期間で新興大国アメリカが老衰帝国スペインに圧勝した。この戦争があまりにも早く起きて早く終わったので、米国の太平洋艦隊が当時スペインの植民地だったグアムを制覇するため首都ハガニアに寄港した際、スペイン人の総督は米西間が戦争状態にあることを知らず、威嚇発砲を礼砲と誤認してしまったほどである（攻撃と認識したとしても、応戦するための弾薬がなかったが）。その後に両国が締結した平和条約により、それまでスペインの植民地だったプエルトリコ、グアムとフィリピンがアメリカの「もの」になった。

さて、戦争によってある国が他国の領土を占領した場合、現地の法律をどうするかという問題が起きる。戦争中もしくは平和条約を締結するまでは原則として占領軍の司令官の独裁政権なので、ある意味では単純である。「独裁政権」と言ってもルールがないわけではないが、戦勝国の憲法が及ばないのと共に、占領の妨げとなる現地の法律も無視したり作り直したりすることができる。終戦後の占領期日本は、まさにこのような状態だった。

ところが、ひとたび平和条約が締結されると状況は複雑になる。米西戦争のように、一種の〝戦利品〟として領土の移転があった場合、法律をどうするかだけでなく、憲法の効力がそこに及ぶかという問題も発生した。

アメリカが勝ち取ったフィリピン、プエルトリコ、グアムには、すでにスペインの制度に基づく統治機構や法律があった。仮に合衆国憲法に抵触する内容があったとしても、庁舎の上に星条旗が翻るようになっただけでそれらを無効とすれば、行政上の支障となる。また、新領土の住民に権利章典など憲法の保障が及ばないことは、統治上は好都合であった。第二次大戦後まで米海軍の管理下にあり、一九六〇年代まで外国の観光客はおろかアメリカ人すら自由に出入りできなかったグアムのような戦略地については、なおのことである。

人口が小さかったことに加えて、米西戦争当時のアメリカ人にとって、グアムはアジアへの中継地に過ぎなかったため、判例を見るかぎり、グアムに関して憲法が及ぶかどうかが真剣に議論された痕跡はない。一方、プエルトリコに関して言えば、アメリカ同様に欧州の植民地として主に西洋人・白人によって発展した「文明社会」であった。しかも、この時点ですでに元スペイン・メキシコ領の地域（カリフォルニア州、ニューメキシコ州など）が州として合衆国に加盟した実績もあった。したがって、プエルトリコだけの問題であれば、〝憲法が及ぶかどうか〟の議論は違う方向に進んだかもしれない。

人種差別とご都合主義

問題はフィリピンだった。スペインの敗戦とほぼ同時に、フィリピン人は独立宣言を発している。米西両国は和平交渉にあたってそれを無視したが、平和条約締結の後にフィリピンの〝所有者〟となったアメリカは、南部を中心とした武装ムスリム信者による独立運動のゲリラ戦に巻き込まれた。

そのような状態でフィリピンに憲法上の権利保障が及べば、鎮圧活動の妨げとなってしまう（ちなみに一八九五年、日清戦争で台湾が日本の植民地になった際にも同じような議論、つまり明治憲法が台湾に及ぶかどうかという議論が起きたが、台湾でも先住民などによる激しい反抗があったため、部分的な適用が一般化した）。

そこに人種偏見があったことは言うまでもない。多くのアメリカ人にとって、太平洋の彼方のジャングルで戦う異教徒は、文明水準の低い〝野蛮人〟だった。次章で説明するように、アメリカ国籍の黒人ですら根深い制度的な差別の対象になり、人権の保障をろくに享受していなかった時代において、フィリピンにまで憲法の恩恵が及ぶはずもなかった。ましてや、参政権などアメリカ人（白人）同様の権利を主張するようなことは論外だったはずだ。また、このような地域にずっと手こずらされるより、いつかは手放した方が良いと考えるのであれば、フィリピンを合衆国憲法の及ぶアメリカ領として、またフィリピン人を憲法の恩恵を受けるアメリカ人として扱うことは得策ではなかった。

二十世紀初頭、現代の感覚ではおよそ肯定できないこうした思想を背景に、アメリカの新しい非州地域の憲法上の位置づけを争う複数の裁判が最高裁で争われた。一連の判例は insular cases（離島の諸判例）と呼ばれ、その趣旨を簡潔にまとめるとすれば、「合衆国に州として編入される見込みのない米国領に対して、憲法は部分的にしか及ばない」といったものになる。

解釈には権利章典の適用範囲まで含まれ、このような米国領には「基礎的な」権利保障のみが及ぶとされた。常識的には、憲法の権利章典にある以上すべての権利が「基礎的」なものであると考えられる。しかし insular cases の解釈では、イギリス法の歴史に深く根付く陪審審理の保障や一事不再理の原則などという重要な制度ですら、「単なる手続き保障」として軽視されている。そのため、プエルトリコや米統治下のフィリピンなどにおいて、それらはなくても問題ないとされた。

根底に人種差別的な思想のある一連の判決は、二十一世紀の今も判例法として有効である。そのおかげで、ワシントンDC以外の非州地域にどの程度憲法の効力が及ぶかは、いまなお必ずしも明確ではない。ふたたびグアムを例にとると、連邦法によって権利章典の効力が部分的に及ぶようになっているので陪審審理などはいちおう保証されているが、それらの権利は憲法によって保障されているわけではない。すなわち、島民の意向にかかわらず、連邦議会が通常立法で改正・廃止する余地があるわけだ。

補足だが、insular cases のような理論は9・11の同時多発テロ以降の米による「テロとの戦争」においても活用された。キューバ領の米軍基地で、テロの容疑者が裁判を受けることなく何年間も投獄されていたという問題をご記憶だろうか。その舞台がなぜキューバだったかといえば、「米領ではないから憲法の制約をうけない」という考えがあったからだ。恐ろしい話である。

現存する〝貴族制度〟

一方、非州地域アメリカ領が不利益だけを被るとは限らない。アメリカ本土ではあり得ないような特権が与えられる場合もある。

たとえば旧南洋諸島、観光スポットの北マリアナ諸島には、アメリカ領でありながら、人種に基づく土地の所有制限が堂々と存在している。北マリアナ諸島がアメリカ領になるにあたり、先住民の地位と文化を守るための措置として、「当分の間」島の土地の所有を北マリアナ諸島の島民に限定することを両政府で合意したためである。この制限の目的については異論を挟むつもりはないが、紛れもない制度的な人種差別であることに違いはない。

米領サモアには、さらに驚くべき制度的な差別がある。サモア諸島西部のこの島々は二十世紀初頭、先住民の伝統社会が維持されることを条件にアメリカ領になった。一種の「家制度」を中心とする伝統文化では、土地などは個人が所有するものではなく、家単位で共有されることが特徴の一つである。マタイという称号を与えられる「家長」は、共有財産の管理など様々な社会的役割を果たす。

このような仕組みは、今も基本的に変わっていない。結果として米領サモアには、北マリアナ諸島のような人種に基づく土地の所有制限に加えて、様々な面でマタイを優遇する制度がある。たとえば米領サモアの議会は二院制を採っているが、上院議員になれるのはマタイだけである。女性もマタイになれるが、選定においては男性が優先される。アメリカ合衆国は平等と差別の撤廃を理念とし、憲法で貴族や称号を禁止した。しかしその統治下には、実質上の貴族制度を基礎とする人種・性別による差別が制度化された、極めて不平等な社会が存在しているのである。こうした事実は、多くのアメリカ人にとっても驚きだろう。

このことは、百年以上前に現地の人々と締結した条約をアメリカが今も忠実に遵守している証でもあり、それなりに評価できるとも言える。一方で、米領サモアの政府全体は米大統領の管轄下にあり、裁判事件の最終上訴審機能まで建前上は米大統領にある。三権の分立も司法の独立もない、アメリカ領にしてはいささか不思議な場所である。

それにしても、こうした国内事情は、アメリカが世界に呼びかけていることと矛盾しないのだろうか。二〇一一年十二月、オバマ政権は同性愛者の人権保護・差別撤廃を米国の外交政策の一つとすることを表明した。その内容について異論はないが、他国に対してお説教をするのであれば、まずは国内の差別的制度について考えて、参政権のないアメリカ人の人権など本章で指摘した問題について何とかしてほしいものだと思う。

第5章　奴隷制の長い影

一八六五年の南北戦争の終結とほぼ同時に、アメリカにおける奴隷制は廃止された。とはいえ、一世紀半が経過した今もその影響は非常に強い。どのくらい強いかといえば、その名残が日本の憲法にも見られるほどだ。

日本国憲法の第十八条は「奴隷的拘束」を禁止している。これは、奴隷制度を持っていたアメリカ人だからこそ盛り込もうと思った言葉なのではないかと思う。当時の日本に奴隷制はなかった。にもかかわらず、草案をつくったアメリカ人はなぜ〝隷徒〟という言葉を用いたのだろうか（なお、英文の第18条はslavery〔奴隷制〕という表現をつかっていないが、前文には登場する）。

「日本人はみな天皇の奴隷だ」という単純な勘違いがあったのかもしれないが、実際には当時の日本の社会事情云々より、アメリカの社会事情に根付いたコンプレックスの表れだと筆者は考える。つまり、かつて麻薬依存だった者ほど麻薬の弊害について雄弁に語れる人はいないのと同じように、奴隷制という非人道的かつ不平等な制度およびその後遺症で長らく苦しんできたアメリカだからこそ、奴隷制の撲滅や差別の撤廃について説教したがるのかもしれない。

奴隷船船長とアメイジング・グレイス

二十一世紀の感覚で過去の奴隷制を理解することは、とても難しい。頭では理解できたとしても、背景にある倫理観や哲学などを皮膚感覚で理解することは困難だろう。もともと奴隷制がなかった日本の国民はもとより、十九世紀まで奴隷制があった米国や欧州諸国の国民にとっても、この制度を本質的に理解することは不可能に近いかもしれない。

現代の〝常識〟で過去の奴隷制を見れば、それは矛盾と皮肉に満ちた異常な制度として映る。しかし当時の多くの人々にとって、人間がほかの誰かの所有物として扱われるのは〝普通〟のことだった。

一例を挙げよう。一八三〇年代、イギリスの植民地だったジャマイカ島の議会では、白人支配層によって次のような討論が行われたという。
「懲戒のために女奴隷に鞭打ちするとき、全裸にしてよいかどうか」
そこでは女性を裸にするか否かは問われたが、鞭打ちそのものや、奴隷制の是非はまったく問題にされておらず、全裸にするかどうかの倫理性だけが議論された。現代の我々の感覚からすれば、論点がかなりずれている。

独立前後のアメリカに目を向けても、状況は同じだ。〝人間は皆平等〟という立派な理念を独立宣言に記したトマス・ジェファーソンをはじめ、ジョージ・ワシントンや憲法の制定に携わった建国者の多くが、奴隷の所有者であったことはよく指摘される。今となっては、その事実は〝矛盾〟にしか見えないが、当時の人々にとってはそれなりに理に適った制度だったはずだ。

もう一つの例としては、「アメイジング・グレイス」という有名な賛美歌にも奴隷制の謎が含まれている。日本でもよく耳にするこの歌（日本では亡き本田美奈子のバージョンが有名のようだ）は、しばしばアメリカの黒人霊歌と誤解される。しかし実際のところ、一七七二年にこの歌の作詞をしたのはジョン・ニュートンというイギリス人の元奴隷船船長であった。

彼は若い頃、乗っていた奴隷船が嵐に襲われて死にそうなったとき、必死に神に祈ったことで〝救われた〟。その経験を機に、信心深いクリスチャンになる。ここで、ハリウッド映画をたくさん観てきた人なら、ニュートンが奴隷ビジネスの罪深さに気づいて名曲を生み出した、といったストーリーを期待するかもしれない。

しかし、残念ながら、そうした痕跡はまったくない。彼は改悛した後も長らく奴隷船に乗り続け、海を離れて牧師になってからも奴隷ビジネスに投資した。何冊もの本を書き、「アメイジング・グレイス」の他に二百以上の賛美歌を作り、牧師として世の中の罪を話題とした演説や説教もたくさん行ったが、奴隷制に対して倫理的な疑問を投じるような文節は一つも残していないと言われている。ニュートンには神を冒瀆したことへの罪の意識はあっても、奴隷に対して贖罪しようという気持ちはなかった。

きわめて強い宗教心を持つ人物が奴隷取引の残忍さを目の当たりにしても、なお奴隷制を否定するには至らなかったのである。今の感覚では理解できないことばかりだが、この時代の宗教と奴隷制の結びつきは特にわかりにくいかもしれない。なにせイギリスの植民地だったジャマイカでは、何とイギリス国教会が多くの奴隷を所有していたのだから。

〝人〟か〝物〟か

アメリカが手本にしたイギリスの普通法（コモン・ローとも呼ぶ）の特徴の一つに、奴隷に関するルールがほとんどなかったことがある。それに対して、他の欧州各国の制度は奴隷制を持つローマ帝国の法典を基礎としてきたため、もともと奴隷の法的位置づけに関する定めがあった。イスラム法についても、奴隷をどう扱うべきかという規範がコーランなどに示されている（そのためか、イスラム諸国の中でもっとも保守的なサウジアラビアが奴隷制を正式に禁止したのは、なんと一九六二年だった）。

イギリスは長らくヨーロッパの〝脇役〟だったゆえに、ローマ法が法制度の基礎にならなかった。日本の法制度も多くを取り入れたドイツ法やフランス法など、ローマ法典に根付く大陸法と、英国のコモン・ローという二つの偉大な法体系が生まれたのは、こうした歴史的背景のためだ。

ただ、普通法に奴隷に関するルールがなかった理由は、イギリスにローマ法が深く根付かなかったためだけではない。第２章で説明したような政治的な事情から、イギリスでは早くから〝イギリスで暮らしている人々はみな自由人だ〟という発想が主流となったことも大きな要因であろう。

もちろん、中世イギリスに奴隷がまったく存在しなかったわけではないし、〝自由人〟の大半についてもそれなりの階級制度があり、今の感覚からすれば決して自由ではなかったかもしれない。それでも、一人の人間が生まれてから死ぬまで他人の所有物として扱われることを認めるような身分制度が、イギリスで形成されなかったことは事実である。もっとも、それは単にモラルの問題ではない。多数の奴隷を必要とする労働力の急激な不足が発生しなかったことも、原因の一つといえる。

したがって、奴隷の法律上の位置づけが問題になったのは、主にイギリス本土ではなく、イギリスが海外に持つようになった植民地でのことであった。奴隷制に関するルールは、各植民地の自治体が定めることもあったし、アメリカでは独立後は各州議会や裁判所の決定事項になった。しかし母国イギリスの普通法を探しても、参考になる法令や判例法はあまりなかったのである。

むしろ普通法には、他国にとって迷惑なものが目立ってきた。たとえば、イギリスではアメリカの独立前後から奴隷取引を禁止する運動が盛んになり、一七七二年に英国の裁判所が歴史的な判決を下している。すなわち「奴隷制はイギリス法の基礎理念に反する」、あるいは「奴隷がイギリスに連れてこられたら、イギリスの空気を吸っただけで自由人になる」といった趣旨の判決である。新世界各地の植民地で大勢の奴隷を使って事業を展開していた人々にとって、このような法解釈・法改正の効力が植民地まで及べば重大な財産権侵害になりかねなかった。

奴隷制の禁止イコール財産権の侵害、という根深い問題はアメリカの場合、南北戦争によって解消された。また大英帝国の場合は、一八三三年に立法で植民地における奴隷制を禁止し、奴隷所有者に多額な損害賠償を支払うことで一件落着した（知的財産権の強力な保護を求める方々には、特にこのあたりの歴史を認識されたい。つまり、〝財産権〟を作ることは一方通行である。立法などで認めることにより財産権を〝作る〟のは簡単だが、それを取り消すことは戦争になることもあるほど困難である）。

それはさておき、普通法に奴隷に関するルールがなかったことは、結局のところ奴隷にとってマイナスに働いたといえるかもしれない。

少なくとも、奴隷制を想定したローマ法典は奴隷という「物」の特殊性、すなわち奴隷は人間であることにある程度配慮していたはずだ。一方、奴隷を巡る訴訟に携わるアメリカの弁護士や裁判官は、普通法の従来の財産法、つまり「物」に関するルールを

「者」（奴隷）に準用せざるを得なかった。それでも、もちろん奴隷は人間なので特例を設けることもあったが、やはり法律の出発点は〝人間〟ではなく〝物〟に関するルールだった。このような事情から、十八～十九世紀のアメリカでは、奴隷の売買、相続、貸し出し等に関してやや特殊な判例法が生まれている。

その中には、背筋が凍るような事例もある。例えば、破産宣告者の財産を清算する際、母親の奴隷とその幼児を分離して別々の債権者に分配して良いのか、奴隷を売買する契約が交わされた後に当の奴隷が売られることを嘆いて自殺した場合はどうなるのか、死んだ所有者のその他の相続財産が債権に満たない場合、債権者は遺言書で自由にされた奴隷を差し押さえることができるかどうかなど、このような争いが奴隷制における「普通の」裁判事件として扱われたわけだ。

「五分の三」が生んだ「黒人大統領」

実は、本書で今まで説明してきた連邦議会の議席配分にしても、大統領を選ぶ仕組みにしても、その背景には奴隷制がある。憲法制定会議に関する美談は多々あるが、奴隷制が憲法の成否にかかわるほど大きな争点だったことは、なぜかあまり語られない。

何せ合衆国憲法は奴隷制度を保護するために設計されたのだ。しかも、奴隷の所有を「財産権」として保護するにとどまらず、そこには南部州の奴隷所有者の政治力を優位にするための制度までがつづられている。この制度設計は当初の十三州の関係性を奇妙なものにしただけではなく、後のアメリカの拡大に対しても大きな影響を及ぼした。

北米大陸で労働力のニーズが急増したのは、十七世紀以降、新世界の植民地開発がはじまった時期のことである。第1章でも触れたように、当初はカリブ海にあった欧州各国の植民地で砂糖を製造するために、アフリカから黒人奴隷が〝輸入〟されることが多かった。もちろん、アメリカのコロニーおいても奴隷がサトウキビ、米、煙草栽培などの労働力として使用されることはあったので、西洋人がアメリカ大陸に住みつくとほぼ同時に、黒人奴隷もアフリカから連れてこられるようになった。

しかしアメリカにおいて奴隷制を盛んにさせたのは、皮肉なことに機械化であった。一七九三年にイーライ・ホイットニーというアメリカ人が綿繰り機を発明したおかげで、工業的な栽培・製綿が可能になった。すると、機械化により生産の効率がよくなった分、原材料の需要が急増し、大規模な綿農業に多くの奴隷を投入する必要が生まれたのである。

こうして、特に農業が経済基盤であった南部の州に奴隷が多くなった。かつて米の生産地として知られたサウスカロライナでは、独立前から人口の半分以上が黒人奴隷だった。また憲法制定後のジョージア州とバージニア州は、いずれも黒人奴隷が人口の半分以上を占めていた。一八六一年に南北戦争が勃発する直前のアメリカ総人口の約十四パーセントが、実に奴隷だったのである。まったく奴隷のいなかった北部の州が総人口に含まれていることを考えると、南部にいかに奴隷が多かったかがわかる。

紙幅の都合で詳細は省くが、さまざまな歴史・社会・経済の事情により、独立戦争前後からアメリカでは北部の州（コロニー）に奴隷が少なく、南部に多いという対極構造が形成されていた。法的にも、北部ではバーモントが州として合衆国に加盟する前の一七七七年に奴隷制を禁止したことを皮切りに、十九世紀初頭には他の州でも奴隷制が禁止された。反対に、南部の州では先に紹介したように、農業との関係で奴隷が増えていた。

現在の憲法は、奴隷制に関してこうした二極化が進むなかで制定されたのである。第1章でふれたように、憲法作成にあたっては、いかに連邦政府に州の自主権を侵害させないかが重要課題の一つだった。憲法には、奴隷制をいかに連邦政府の干渉から保護するかというだけではなく、奴隷制のある州が連邦の中で優位に立つ状態をいかに保つかという工夫も反映されている。つまり、反奴隷制勢力が強くなっていた北部の州が連邦政府において優位になれば、南部の州は否応なしに連邦法で奴隷制を制限・禁止されてしまう可能性がある。したがって南部の州は、憲法によってそれを防止する必要があった。そのため、憲法には奴隷制と直結した規定がいくつか設けられている。

まず、連邦議会におけるパワーバランスと関係する、次のような奇怪な文章がある。「下院議員と直接税は、連邦に加わる各州の人口に比例して各州間に配分される。各州の人口は、年季を定めて労務に服する者を含み、かつ、納税義務のないインディアンを除いた自由人の総数に、自由人以外のすべての者の数の五分の三を加えたものとする」（第1章第2条第3項、傍線筆者）

これはアメリカ人にとっても、ややわかりにくい文脈だろう。要するに、下院議員は第2章で説明したように人口に基づいて各州に配分されるので、奴隷を人口にカウントすれば、南部の州は奴隷が多い分、議員が多くなる（〝自由人以外のすべての者〟とは奴隷のことである）。一方、人口ベースで算定される直接税では、奴隷がカウントされると税負担が多くなってしまう。奴隷州からすれば議員の配分については奴隷をカウントすることが望ましいわけだ。反対に非奴隷州にとっては、議員の割り当てについては奴隷をカウントさせない方が有利であった（税負担については逆になるが、実際の人口比例課税はなかった）。

そこで、南北が納得する妥協策として憲法に組み入れられたのが、一人の奴隷を自由人の五分の三としてカウントするというやり方であった。連邦議会の下院において、南部でも北部でも参政権が認められるのはもっぱらある程度の資産を持つ白人男性のみだったが、南部の場合は奴隷人口の分まで議員が多く割り当てられるため、実体としては南部の政治力が一段と強まったわけだ。これは、少数派にあたる南部の奴隷所有者が、連邦議会による奴隷制廃止・奴隷取引禁止政策を阻止するための措置であった。

奴隷を人権なき「財産」と主張してはばからない南部の白人が、こと議席配分になると、黒人を人口として数えるべきだという虫の良さはあきれたものだ。北部側がこの言い分を受け入れることはなかったが、結局「五分の三」が妥協策として可決された（なお、北部の代表からは〝「財産」（奴隷）ベースで議席を配分するのであれば、奴隷以外の財産はなぜ配慮されないのか〟という疑問も出たという）。

大統領を選ぶ選挙人制度についても、似たような設計上の意図があった。大統領を単純に国民選挙で選ぶという案もあったが、これでは南部が奴隷人口の恩恵を受けられない。そうすれば、奴隷制に冷たい大統領が選ばれる可能性が大きくなる。一方、実際に憲法で採用された選挙人制度（連邦議会の議員数に相当する選挙人が各州に割り当てられる）では、奴隷人口のおかげで南部の投票者が大統領選において優遇された。

第三代大統領のトマス・ジェファーソンは南部の奴隷人口のおかげで当選したため、当時は「黒人大統領」と呼ばれていたという（ジェファーソンが自分の奴隷を妾とし、子供まで作ったという噂は昔からささやかれてきたが、一九九八年にその女性の子孫のＤＮＡ検査により、そのような関係があったことがほぼ確認された。したがって、彼が「黒人大統領」と呼ばれていたのはこの噂ゆえと誤解されることもある）。

いずれにせよ、奴隷を自由人の五分の三として数えるという憲法のこの部分は、奴隷制を禁止した修正第13条で無効にされた。しかし、文言としてはまだ憲法に残っているため、アメリカ史の汚点として常に世界の目にさらされている。

建国初期の中心的な難題

また第１章第９条にも、不思議な条文がある。

「連邦議会は、一八〇八年より前においては、現に存する州のいずれかがその州に受け入れることを適当と認める人びとの移住または輸入を、禁止することはできない」（第1項、傍線筆者）

ここでも憲法作成者は、直接「奴隷」という言葉を使わない陰険な書き方をしている。それはさておき、一八〇八年まで連邦議会は「人」の「輸入」を禁止することができないということは、つまり連邦政府は少なくとも一八〇八年までは奴隷輸入を認めなければならないということである。この条文だけ見ても、建国初期のアメリカにおいて奴隷制がどれだけ中心的な難題だったかを理解していただけるはずだ。

ところが、その上、憲法第5章の改正手続きを経てもこの条文を改正することができない、という制約までもが課せられた。このように合衆国憲法には、奴隷制の問題点は認識しつつも、その解決は次世代の指導者らに完全丸投げする、という趣旨の露骨な妥協策が規定されているわけだ。

このように、明らかに奴隷制を想定している条文はかなりある。しかし、一見関係なさそうな条文の背景にも奴隷制がある。例えば、連邦議会は原則として各州から輸出される物品に対して輸出税を課すことができないという不思議な制約がある（第1章第9

条第5項)。これは、奴隷労働によって作られたものを課税することによって奴隷制をつぶすことを不可能にするために、憲法に組み込まれた措置であるといわれている。

また、第4章第4条に「合衆国は、州の立法部または(立法部が集会できないときは)執行部の要請があれば、州内の暴動に対して各州を防護する」という一見まともそうなくだりがある。実は、ここに想定される「暴動」には奴隷による反乱が含まれている。しかも、連邦政府の援助はほしいが勝手に行動されると困るという書き方には、やはり南部の虫の良さがうかがえる。

憲法制定会議などにおいて、倫理的な立場から奴隷制に反対し、奴隷制州と憲法を締結すべきでないと主張する北部の代表もいたが、奴隷が反乱を起こした場合は連邦政府が対応しなければならず、その場合に北部の軍人、北部の税金が投入されるからと反対する代表もいた。

ワシントンDCはなぜ首都になったか

アメリカの首都ワシントンDCの存在も、奴隷制ゆえといわれている。

一般的に語られるアメリカの独立・憲法制定までのストーリーは、北部中心に展開する。事の発端はマサチューセッツ州と英国の間の争いだったし、武力衝突も北部が多かった。独立当時のアメリカの首都はフィラデルフィアだったたし、憲法が制定されたときはニューヨークにあった。当時からニューヨークと言えば金融・ビジネスの中心で、教育や文化の中心地もやはりボストン、ニューヨーク、フィラデルフィアなど、もっぱら北部の都市だった。

だとすれば、そもそも沼地だったワシントンDCが、なぜ首都に選ばれたのだろうか。ビジネスと政治が一カ所に集中しないための制度的配慮だと言われることもあるが、もっとドロドロした事情があったかもしれない。

その一つとして、南部の政治家の奴隷を維持するためだった、という説が有力だ。ジョージ・ワシントンやトマス・ジェファーソンのような南部出身の有力者は、出張の際に身の回りの世話や料理をする奴隷を連れていくことが一般的だった。しかし、法律で奴隷制が認められておらず、反奴隷感情が強い北部で奴隷に逃げられたら、取り戻すことは至難の業だった。現にジョージ・ワシントンは、フィラデルフィア出張の際に同伴の奴隷に逃げられて〝回収〟を諦めたことがある。

しかも、フィラデルフィア市が所在するペンシルベニア州は一七九〇年代に「奴隷が六カ月以上ペンシルベニア州に滞在した場合は自由になる」という趣旨の法律を可決していたため、首都がフィラデルフィア市など、似たような法律のある北部の地に定着してしまえば、南部出身の政治家の日常生活と財産権に直接的に影響する。例えば、一時期米国駐仏大使の任にあったトマス・ジェファーソンは、在仏中に自分の奴隷にフランス料理の修業をさせて専属シェフに仕立てたが、もしアメリカに戻ったあとにその奴隷が北部に逃げてしまったら、その〝投資〟が台無しになるというわけだ。

もちろん、首都を現在のワシントンDCに導いたワシントンやジェファーソンは、このような個人的な事情を理由としていなかったかもしれない。しかし、結局は奴隷制州のバージニアとメリーランドから土地を譲ってもらうことにより、国の首都における奴隷制をきわめて覆しにくいものとして確立させた。そのため、権利章典に表現の自由、請願の自由が保障されているだけではなく、憲法本文に議員特権が保障されていたにもかかわらず、連邦議会の議員が首都における奴隷制の廃止を建議することは長らくタブーとなってきた。アメリカの奴隷制度とは、これほど根の深いものなのだ。

奴隷、逃亡奴隷、自由人

一八〇八年に入ると、連邦議会はすぐさま奴隷輸入を禁止する法律を可決した。前年には、イギリス議会が奴隷取引を禁止する法律を可決している（なおアメリカの場合、人道的な理由で奴隷の輸入を禁止したかどうかはかなり疑わしい。南部各州は奴隷の〝過剰在庫〟を抱えていたため、奴隷制そのものさえ国内法で担保されていれば、その財産価値を高めるであろう輸入禁止を歓迎する奴隷所有者は少なくなかったかもしれない）。

奴隷の輸入・売買を禁止したからといって、奴隷制を禁止したわけではない。アメリカの場合、奴隷制および国内の取引は、南北戦争まで合法だった。イギリスの場合でも、大英帝国のカリブ海その他の地域における奴隷制は、一八三三年に廃止法が可決されるまで存続した。アメリカでは輸入が禁止された後も、奴隷制州での売買は引き続き合法だったので、取引事業者は〝国内生産〟（と密輸入）に頼らざるを得なくなった。

このような事情を背景に、アメリカが西に拡大するにつれて、奴隷制をめぐる政治の二極化が進んでいった。北部各州では、州内在住の奴隷を全員解放する法律を可決しただけでなく、先ほど紹介したペンシルベニア州のように、南部から連れてこられた奴隷についても、一定の期間以上滞在した場合は「自由人」になるという法律や判例までが作られている。南部の奴隷制を非人道的なものと考える人が少なくない北部の州は、逃亡奴隷の逃げ場にもなった。

実は合衆国憲法には、このような事態を想定した恥ずかしい条文がもう一つある。一般的に「逃亡奴隷条項」(fugitive slave clause) と呼ばれるものだが、やはり〝奴隷〟という言葉はどこにも用いられていない。内容は、次の通りである。

「州において、その州の法律によって役務または労務に服する義務のある者は、他州に逃亡しても、その州の法律または規則によってかかる役務または労務から解放されるものではなく、当該役務または労務を提供されるべき当事者からの請求があれば、引き渡されなければならない」(第4章第2条第3項)

つまり、他の州から逃げてきた奴隷は、その州に返さなければならないということだ。ただし、この条項の実行は一筋縄ではいかなかった。場合によって、返還を求められる「奴隷」は逃亡先の州法で「自由人」になっていた。南部の(元)所有者が力ずくで奪い返そうとすれば、自由人になった州の法律では紛れもない誘拐罪になるわけだ。南部の奴隷所有者が司法手続きによって奴隷の返還を求めても、北部の陪審がうんと言わないというようなケース、北部の州が南部の州に対して「誘拐犯」の引き渡しを求めても協力してもらえないケースが頻発するなかで、南北間の亀裂は深まっていく。南部の人々からすれば「北部の連中が我々の財産権を侵害している」、北部の人々からすれば「南部の連中がわが州の市民を拉致している」のだった。

両者の決裂を避けるために、連邦政府は憲法の趣旨を実現するための「逃亡奴隷法」を連邦法に制定した。連邦保安官と連邦裁判所が取締や強制履行をすることによって、南部の奴隷所有者が、奴隷の返還に協力的でない北部の州司法制度に頼らなくてもいいようにしたのである。しかし、この法律はあまりに広範なもので、自由人として北部に居住していた黒人までが「逃亡奴隷」として南部に送られる始末だった。そのため、むしろ北部の州の奴隷制に対する反感を助長し、南部との亀裂をさらに深めてしまった。

南北間のきわどいバランス

憲法が制定された当初から、アメリカの南北はこのようにきわどいバランスの上にあったが、アメリカ人が西の新しい土地へと進出していくにつれて、やっかいな問題が起きた。

前章で説明したとおり、アメリカには、北米大陸はいずれすべて合衆国になるという発想があったし、一八〇三年にフランスから広大な土地を購入したこともあって、さらに新州の加盟は容易に予測できた。ただし、新しい州が合衆国の一員となる際には、奴隷州になるか、それとも非奴隷州になるかという決定が必要になる。これは奴隷制の是非だけの問題ではなく、連邦議会（特に上院）における奴隷州と反奴隷州のバランスが崩れかねないため、極めて重大な問題であった。

ことの重大さがわかる事例を紹介しよう。連邦議会は一八二〇年、当時「テリトリー」だったミズーリを奴隷州として合衆国に加盟させることを検討した。その際、それでは奴隷州が非奴隷州より多くなってしまうので、マサチューセッツ州のメイン地方を分割して、新たな非奴隷制州（現在のメイン州）として同時に加盟させることになった。

さらに、それ以降の新州については、北緯三十六度三十分（日本で言えば長野市あたり）以北を非奴隷州、以南を奴隷州にするという〝偉大なる妥協〟も打ち出された。これほどまでしないと、「条約機構」としての性質が強かった当時のアメリカ合衆国は、分裂してしまうかもしれなかったのである。

しかし、〝ミズーリの妥協〟とも呼ばれるこの駆け引きは失敗に終わった。原因は様々あったが、その一つは一八五〇年に可決された逃亡奴隷法の実施だった。この法律は、奴隷制に反対する北部の市民に、一旦は自由の身となった黒人が強制的に返還されることを黙って見過ごすか、場合によってはそれを援助することを強制したからである。これでは妥協どころが、奴隷制への反感を煽るだけだ。

もう一つの原因は、ミズーリの妥協を実施するために、まだ州になっていない北部のテリトリーにおいて連邦政府が奴隷制を禁止する法律を作る（あるいはテリトリーの自治体に作らせる）必要が生じたことである。たとえ一部のテリトリーにしか適用しないといっても、連邦政府に奴隷制を禁止する立法権を認めることは奴隷州にとって好ましくなかった。

さらに、これらの法律の中には、「連れてこられた奴隷が一定期間以上生活すれば自由人になる」という内容のものもあったが、そうすれば南部から北部に奴隷を連れて行っただけで、奴隷所有者の財産権が連邦法によって侵害されてしまう。すなわち憲法問題が生じるわけだ。連邦政府所管のワシントンＤＣにおける奴隷制の是非すら連邦議会でまともに議論できない情勢の中で、それ以外の連邦テリトリーにおける奴隷制を禁止するような法律は当然問題視された。

この問題が頂点に達したのが、一八五七年のドレッド・スコット対サンフォード事件である。その最高裁判決は、今でも有名である（悪名だが）。

奴隷として生まれたドレッド・スコットは、所有者である軍医の転属にともない、いくつかの州とテリトリーを転々とした。その中には、奴隷制が禁止され、一定以上の期間生活すれば奴隷は解放されるという法律を持つテリトリーも含まれていた。そこでドレッド・スコットは、自分と家族の自由を確認するための訴えを提起した。この事件は最高裁まで争われたが、この時期に南部出身の判事が多かった最高裁は、奴隷に対して極めて厳しい長文の判決を下す。

すなわち、⑴ドレッド・スコットのような黒人奴隷は、そもそも市民権を持たないので当事者適格がなく、裁判を起こすことができない、⑵連邦議会には、奴隷制を禁止するという財産権侵害的な法律を作る権限がない、⑶ミズーリの妥協そのものが違憲である……というのがその概要だ。最高裁によるこの〝最終判断〟は、憲法を変える以外の民主的なプロセスでは覆すことができなかった。そのためか、その後の南北の分裂に大きく貢献したといわれている。

南北戦争と奴隷解放

最高裁は、奴隷制に関する紛争に法律判断で決着をつけたつもりだったかもしれないが、実際は問題を悪化させたに過ぎない。南部の州が新テリトリーへの奴隷制導入を図っていたころ、北部の州では、最高裁が次は州法の奴隷制禁止条項を違憲と判断するのではないかという不安が広まっていた。実は、南北戦争の引き金となった南部の州の合衆国脱退のかなり以前から、北部においても合衆国脱退論があった。つまり、これ以上は奴隷制と付き合いきれない、という趣旨の議論だ。

南北の亀裂は、結局のところ南北戦争という内戦に発展する。ただし、六十二万人の死者を出したこの戦争のきっかけが奴隷制度だったとしても、目的は奴隷解放ではなかった。

戦争の発端は、南部の州がアメリカ合衆国脱退を宣言し、奴隷制州だけの連合体を作ったことにある。残りの州と合衆国政府は、それを差し止めようとした。脱退した州の多くは奴隷制が廃止されるのではないかという危機感を表明していたが、連邦政府の狙いは奴隷制をつぶすことではなく、とにかくアメリカを一つの連合体として維持するというものだった（連邦側についた州の中にも奴隷州があったので、単純に〝奴隷制対非奴隷制〟という図式ではなかったわけだ。また、連邦から脱退したバージニア州の一部が分裂して連邦側に残り、現在のウェストバージニア州として別の道を歩むというケースもあった)。

奴隷解放は、南北戦争の目的ではなくその結果であった。戦争中、連邦側の奴隷州がまず独自に奴隷制を廃止した。そして一八六三年、苦戦を強いられていたリンカーン大統領は戦争の大義名分として「奴隷解放宣言」を出す。この宣言は非常に有名だが、当初は「反乱州にいる奴隷」のみを対象としていた。つまり、期限までに合衆国に復帰した州には適用しない、というアメとムチの内容だったのである。

憲法改正と黒人の参政権

南北戦争は結果的に、戦争が長期化するにつれて優勢になった北軍の勝利に終わり、南部の州はいわば強制的に再加盟させられた。そのおかげでアメリカは、今日まで一つの連合体として存続している。ただし、奴隷制が完全に廃止されたのは独立解放宣言と戦争の勝利によるものではなく、奴隷制を禁止する憲法改正（一八六五年の修正第13条）によるものだ。その後、黒人の市民権と法の下の平等を保障する修正第14条（一八六八年）と、黒人の参政権を保護する修正15条（一八七〇年）も批准された。

ここで読者は疑問に思うかもしれない。戦争をしてまで奴隷制を維持しようとした南部各州なのに、戦後はいやに素直に奴隷廃止の憲法改正案を批准しているじゃないか、と。

その答えは、日本国憲法制定の経緯になぞらえるとわかりやすい。戦後は北部軍が南部各州を占領して、様々な政策を強制したからである。南部の州は、合衆国に復帰し駐留軍に撤退してもらう代償として、憲法改正を認めざるをえなかった。要するに、南部は日本と似たような「米軍占領期」を経験したのである。その際には、戦後日本と同様に、米政府による復興支援を受けるとともに、教育改正、土地改革等々、市民（白人）の意向が必ずしも反映されていない憲法改正を強いられたわけだ。

この〝占領期〟の間、元奴隷の黒人の人権と参政権は大幅に改善された。前述したように、南部には黒人が人口の大半を占める選挙区や州も少なくなかったので、一八七〇年には初の黒人上院議員と下院議員が選出されるという歴史的な出来事も起きた。しかし、州にもよるが、一八七〇年代後半には占領期がおおむね終了する。完全に自主権を取り戻した南部各州は、次々と〝逆行政治〟に走った。むしろ、そうしないと人口構成の関係で、地域によっては白人が少数派に陥ってしまう〝危険性〟があったのである。

いったん認めた黒人の参政権を剝奪するためには、様々な工夫がなされた。一つは人頭税（投票権行使の条件となる税）の導入だった。これだけで、貧困に苦しむ多くの黒人が投票所に寄り付かなくなる。また、識字能力試験の合格者のみに投票させるというテクニックもあった。南北戦争以前には、奴隷に文字を教えてはいけないという法律がある州もあったので、字が読める黒人は少なかったのだ。

第2章にも触れたように、誰に参政権を与えるかは憲法で各州の自主判断に委ねられていた。そのため、憲法が修正されたあとでも、露骨に人種を判断基準とした制度でない限りは、あまり問題にされなかったようだ。仮に問題にされたとしても、占領軍が撤退した後、南部で黒人の権利のために働く政府組織はほとんどなくなっていた。

結果として、多くの黒人の参政権が実質上奪われることになり、この状態は驚くほど長期に及んだ。一八七〇年に人口の約六十パーセントが黒人だったサウスカロライナ州は、一八九七年までに合計八名の黒人下院議員を連邦議会に送りこんでいる。しかし、次に黒人の下院議員が選出されたのは、なんとほぼ一世紀後の一九九三年のことだった。

黒人の参政権が抹殺された分、白人有権者の連邦議会における影響力は強くなった。

つまり、南北戦争後、黒人は人口調査において〝五分の三〟ではなく、白人と同じように数えられるようになっている。各州には、人種にかかわりない総人口に基づいて下院議員が割りあてられたが、南部を代表するのは、もっぱら白人の有権者に選ばれた人たちだったというわけだ。

奇妙な「分離平等体制」

憲法上は、次の文言で「法の平等な保護」を謳っている。

「合衆国内で生まれまたは合衆国に帰化し、かつ、合衆国の管轄に服する者は、合衆国の市民であり、かつ、その居住する州の市民である。いかなる州も、合衆国市民の特権または免除を制約する法律を制定し、または実施してはならない。いかなる州も、法の適正な過程によらずに、何人からもその生命、自由または財産を奪ってはならない。いかなる州も、その管轄内にある者に対し法の平等な保護を否定してはならない」

（修正第14条第1項）

奴隷の身分から解放された黒人の多くは、資産も教育もない状態でいきなり合衆国の

「市民」になったが、政治参加によって自らの社会的地位を向上させる道は、早くから閉ざされていた。そのため、多くの黒人は奴隷としてではないにせよ、白人のために過酷な条件の農業やその他の労働で生計をたてることを余儀なくされた。

ただ、南部では解放奴隷とその子孫の参政権が実質上奪われたと言っても、彼らは解放により国内移動という貴重な自由権を獲得している。そこで、多くの黒人が南部以外の州、とくに産業化・工場化が進む北部に仕事を求めて移住していった。こうして多くの地域に黒人コミュニティーが定着するようになったが、そのことに対して従来の白人社会から抵抗が生じ、皮肉なことに南部以外でも人種差別的な社会環境が醸成されるようになる。程度は様々だが、こうした人種差別が制度化し、白人社会と黒人社会が〝分離〟された状態で共存する地域が増えていった。

むろん、修正第14条に「法の下の平等」という言葉が綴られた後に、制度化された人種差別を基礎とする社会がありえないはずだと考えるのは合理的である。しかし、多くのアメリカ人にとっては、何十年間にもわたってその状態がむしろ〝普通〟だった。何せ、黒人を保護するために作られたはずの修正第14条が、もっぱら企業の利権を保護するために解釈されるようになったほどである。

歴史家ハワード・ジンの名著〝A People's History of the United States〟によれば、一八九〇年から一九一〇年の間に米国最高裁が受理した修正第14条関連の訴えのうち、十九件が黒人に関するものだったのに対して、二八八件が企業関連のものだったという。

修正第14条の骨抜き化を可能にしたのは、〝分離しても平等である〟という法律・政治学の理論（正確には〝建前〟）である。すなわち、黒人と白人は別々に暮らし、別々の学校に通い、別々の商店街で買い物をし、別々の公共施設を利用して、人種によって分離されている。しかし、それは〝不平等〟ではない、という発想だ。

一見、筋が通っているように映るかもしれないが、実際は黒人のための公共施設やサービスが白人のためのものより少なかったり、質が低かったり、あるいはまったくなかったりすることが多かった。また、黒人と白人が同じ施設を使う場合であっても、黒人は勝手口から、白人は正門から入るという決まりがあるような社会が、「平等」なはずがない。

たとえば、ある黒人は裁判を起こして、それまで白人にしか門戸が開かれていなかった大学院に入学する機会を得た。しかし「白人と黒人は同じ教室で教わってはいけない」という州法があったため、入学は認められたものの、授業を廊下から聞く羽目になった。このようなエピソードは、アメリカの近代史には枚挙に暇がない。

ちなみに、アメリカの大学に通った経験のある人は気づいたかもしれないが、二つの州立大学が並存していることがある。州によっては、これは黒人のためと白人のための州立大学が別々にあった時代の名残である。もちろん今では、いずれも人種的な入学制限はない。

南北戦争、ふたたび?

制度化された差別は公共施設の使用にとどまらず、社会の隅々までが差別的な法律で細かく規定されていた。

黒人を対象とするこうした州法は、南北戦争以前から各地にあった。たとえば、黒人の床屋は白人の散髪をしてはいけない、白人看護婦を黒人の治療に従事させてはいけない、黒人と白人は同じバーでお酒を飲んではいけない等々、白人と黒人の接触を最小限にとどめる工夫（真の狙いは、おそらく〝黒人による白人に対する接触〟を最小限にすることだった）が、州によって異なる様々な法律に見られる。一九六七年に最高裁が違憲判定を下すまで、白人と黒人の結婚を、犯罪行為として法律で禁止する州もあったほどである。

　このような社会が形成されることに対して、合衆国最高裁は歯止めをかけるどころか、お墨付きを与えていた。一八九六年ルイジアナ州で、路面電車の黒人用の車両が少ない上に黒人は白人用の車両に乗れないことへの不満をきっかけとした裁判が起こされたが、結局のところ最高裁は、一人の判事の反対意見を除けば「問題ない」としたのである（プレシー対ファーガソン判決。ちなみに路面電車を人種別にした背景には、黒人が白人と同じ車両に乗れたとすれば、黒人男性が白人女性の体に触れたり、いかがわしい行為をするという、白人男性が一番恐れていた事態に発展する可能性があったからだと言われている。日本のように〝女性専用車〟を設けるという発想は、なかったようだ）。

　すでに紹介したドレッド・スコット判決に次ぐ米司法の歴史的汚点とも呼べるこの判決以降、アメリカでは数十年間にわたって、制度化された人種差別を基礎とする〝分離平等体制〟が一般化した。

　このように数十年にわたって制度化された人種差別は、第二次大戦後までも続いた。以降、少しずつ解体されていったが、そのプロセスに大きく貢献したのは、差別の制度化に加担した当の最高裁だった。一九五四年と五五年の二つの判決（あわせて〝ブラウン判決〟と呼ばれる）で、従来の公立学校教育における人種差別的制度は違憲であるという判断が下された。これらは画期的な司法判断として高く評価されているが、もとはといえば最高裁がお墨付きを与えた制度であったことも忘れてはいけない。

これらの判決と時期を同じくして、黒人による公民権運動が盛んになる。選挙権の取得と行使、公共施設・商業施設での平等な扱いなど、社会のあらゆる側面において白人と同等の待遇を求める抗議運動が各地で起こり、特に南部で活発になった。一方、ブラウン判決の結果として黒人の子が白人の学校に通うようになることについて、猛烈に反対する白人も少なくなかった（もちろん学校以外の領域についても、分離平等体制の改定に抵抗感を持つ白人は多かった）。そのため、地域によっては南北戦争の二の舞になりかねない事件が勃発した。

極端な例としては、クリントン大統領の出身地として知られる南部・アーカンソー州の公立高校で起こった事件が挙げられる。最高裁判決をもとに一九五七年、地元の教育委員会はこの高校に初の黒人生徒を入学させることを決定した。しかし州知事は、アーカンソー州国民軍を動かして入学を阻止しようとした。これに対して、教育委員会の要請を受けたアイゼンハワー大統領が、連邦軍の部隊を現地に派遣して黒人生徒の入学を実現させたのである。南北戦争から百年近く経ったにもかかわらず、この有様である。この事例は、奴隷制が生んだ溝の深さを物語っているだろう。

銃社会と人種問題

奴隷解放以前からの黒人たちの闘争、米社会全体の変化、法改正、そしてそれを支援する多くの司法判断のおかげで、今のアメリカでは制度化された人種差別はかなり少なくなった。大っぴらに「黒人お断り」を謳うようなルールは、さすがに許されるものではなくなっている。法制度を見ても、人種を平等に扱うことが徹底されるようになってきた。現にオバマが大統領になったことが、アメリカがいかに変わったかを物語る。

それでも、地域によって差があるとはいえ、米社会の深層には今も人種間の亀裂が残っており、奇妙なところで表面に表れる。それはかつての奴隷制と密接に関連しているのだが、その背景について議論されることが少ないため、おそらく他国の人々にとっては殊に理解しにくいだろう。

たとえば、第2章で紹介した修正第2条を例にしよう。武器の保有を保障する修正第2条については、近年まで、それが個人の武器を保有する権利を定めているのか、あるいは民兵団とセットになった一種の社会権として定めているのかという議論はあったものの、長い間最高裁の判断はなかった。二〇〇八年と二〇一〇年の判例で、米最高裁はついに、武器を保有することを個人の権利とした。この二つの判例をうけて、アメリカは今後さらに銃社会になっていく可能性が大きい。

今となっては、国防を民兵団に委ねるという発想は時代遅れでもあり、武器の保有を民兵団と結びつけることは無理かもしれない。そもそも独立戦争の終了後、アメリカの存続を脅かすような外敵は現実にはほとんど存在せず、その時から民兵団は不要だったのではないかとも言える。

しかし、彼らが国外ではなく国内の敵を想定していたと考えれば、話はわかりやすい。

前出のジン氏の著書に、次のような例がある。一八三一年のバージニア州は、総人口の約一割が所属する民兵組織（騎兵隊・歩兵隊を含む）を装備した、軍事国家のような体制になっていた。外敵が皆無に等しかったこの時代に、これほどまで「有事」に備える必要があったのはなぜか。奴隷の反乱は歴史的事実であり、反乱で所有者の白人が殺害されるような事件ももちろんあった。彼らが念頭に置いていた脅威とは、奴隷の反乱だったのである。人口の大部分を占める奴隷を所有物の状態にしておくためには、強力な武力を備えておく必要があったわけだ。

自由を奪われ、意に反した労働を強制され、自らの子どもを家畜のように売られることに対する恨みは深いだろう。多くの白人が、これぐらいのことは意識していたはずだ。そして十九世紀初頭、多くの白人にとって背筋を凍らせるような出来事が起きる。北米大陸に、アメリカに次ぐ二番目の共和国が誕生したのである。その国とはフランスの植民地だったハイチであり、建国の背後では、奴隷の反乱によって白人支配層（所有層）が無残に殺されていた。

南北戦争では北軍も南軍も黒人部隊を設けたが、戦争終結後、各地で武装白人グループがあわてて戦時中黒人に支給されたライフルを没収している。つまり白人にとっては、黒人の積年の恨みからいかに身を守り、いかに黒人を支配下に置くかということが、修正第2条と密接に関連する課題であったと言える。しかし、こうした側面は見落とされやすい。

二十一世紀の今になっても「拳銃を持つ権利は自分を犯罪者から守るためだ」といった主張がされている場面を見ると、地域によっては、主張する側が白人の場合に想定される〝犯罪者〟は黒人なのかな、と思ったりする。

というのは、南北戦争後に黒人の選挙権を剝奪した際の工夫がそうだったように、黒人に対する偏見と差別が、従来の露骨な人種的基準とは違う形にすりかえられて存続している場合もあるからだ。昔と比べれば格段の社会的進出と地位の向上があるとはいえ、アメリカの黒人には貧困、犯罪歴、低学歴、無職などといった「属性」を持つ者が、地域によっては他の人種と比して少なくない。

そのことは、本章で説明した歴史的事情からすれば不思議な話ではない。アメリカ人が〝貧困問題をどうすべきか〟とか〝犯罪者を厳しく罰するべきだ〟といった議論をする際、そこに「白人対黒人」という昔からある構図の影が残っている可能性があることを念頭に置く必要がある。もちろん、すべてがそうだというわけではないが、可能性があることはある。

同じように、オバマ大統領の出生証明書がすでに公開されているにもかかわらず、「もっと詳細に公開すべきだ」と執念深く主張する人々がいる。その背景には、やはり黒人の血が混ざった人物が大統領になったことに対する根深い抵抗感があるだろう（このような主張をする人々は、限りなく百パーセントに近く白人である）。二〇一二年一月、カンザス州議会の議長が「オバマ大統領の死を祈ろう」と解釈できるメールを送ったことも、似たような抵抗と偏見に深く根付いているのである。

新たな〝奴隷制〟の誕生

分離平等政策は昔の話とはいえ、アメリカにはいまだに黒人の多い町、少なくない町があり、極端な話、場所によっては郵便番号を利用するだけで黒人を排除することができる。

だいぶ前から、ある日系自動車メーカーに意図的に黒人を雇わない方針があるのではないかということが問題視され、訴訟に発展した例がある。例えば、かつては住民のほとんどを白人が占める町に工場を作り、周辺住民だけを採用する方針を導入したことが報道された。結果として、通勤圏内に住む黒人の多くには応募資格がなく、ほぼ白人のみが採用されることになった。露骨に〝黒人お断り〟としない限り、このような採用方針が差別的な意図に基づいているかどうかの判断は難しい。しかし、本章で説明してきた事情にかんがみれば、そういう意図を推察されても仕方ないケースも結構あるだろう。

奴隷制の影は、このような問題に対抗してきた司法制度にも及んでいる。たとえば、陪審裁判では陪審の人種構成と被告の人種のバランスが考慮されるし、その他の司法手続きでも人種に基づく予断がなるべく生じないよう工夫されている。

Ｏ・Ｊ・シンプソン事件をご記憶だろうか。著名な元アメリカン・フットボール選手が元妻（白人）とその友人（白人）の殺害容疑で起訴された、有名な裁判事件である。このとき弁護側が描いた「人種偏見に満ちた白人捜査官ら対黒人被告」というストーリーが功を奏したか、Ｏ・Ｊ・シンプソンは無罪判決を得た。

私がかつて勤めた法律事務所の黒人弁護士の一人は、この判決を歓迎していた。その理由は、彼がＯ・Ｊ・シンプソンの無罪を信じていたからではなく、「この評決よって、これまでこの国の司法制度で黒人がいかに理不尽な扱いを受けてきたかを、白人が肌で感じてくれれば良い」というもので、それなりの説得力を感じた。

奴隷制の影響は、経済活動にも及んでいる。社会生活上必要な取引（たとえば、銀行から融資をうけたり、アパートを借りたりすること）について人種を理由に断ることは違法とされているし、人種を明確な理由としなくても、結果として特定の人種が排除されるような運用もできない。雇用関係についても、人種的な配慮が採用判断に影響してはいけないことになっている。そして〝人種〟とは、もちろん黒人・白人に限らない。

現在のアメリカでは、人種のみならず性別、年齢、生まれた場所など、多くの差別が禁止されている。したがって、日本人にとっての常識（履歴書に生年月日を記載し、写真を添付することなど）が、アメリカでは差別の原因とみなされる。こうした様々な差別を排除するための法整備と、それを展開するための法律理論は、ほぼすべて奴隷制およびその後始末に根ざしているといってもいいだろう。

一方、奴隷制・分離平等体制を別の形で再構築しようという気配も見られる。第2章でふれたように、前科者の選挙権を永久剝奪することで、多くの黒人の参政権が失われた。また、米総人口のうち約十二パーセントにすぎない黒人が、刑務所で服役中の犯罪者に限れば四十パーセント弱を占める。ある研究によれば、黒人男性の約三人に一人が服役中もしくは保護観察など何らかの形で刑事司法制度の監視下に置かれ、奴隷ではないが、一部もしくはすべての自由を失っているという。

こうした実態について、「黒人が罪を犯さなければいいのでは？」と思われる読者も多いかもしれない。確かにそうなのだが、ここでも制度が黒人に対して不利に運用されていないかという問題がある。麻薬犯罪を例にとれば、黒人を中心に職務質問したり、もっぱら黒人が運転する車を軽微な違反で停めて調べたりするような捜査方法を用いれば、必然的に黒人犯罪者が白人より多く〝現れる〟。また、白人の被疑者・被告に対しては起訴猶予や執行猶予などの軽い処分とし、黒人は厳しく罰するような運用をすれば、必然的に刑務所の黒人人口ばかりが増えるのだ。

また、主に黒人が使う市場価格の低い麻薬の所持・取引を、白人常用者が多い高価な麻薬より厳しく罰する法律をつくれば、その傾向はさらに強まる。貧困者が多いために保釈金がつめない、やり手の弁護士が雇えないなど、黒人が不利になる社会システムも多い。これに「前科者お断り」という多くの企業が導入する採用方針を加えると、黒人の失業率は高まり、貧困層に陥るという悪循環が形成される。

刑の重罰傾向が進んでいるアメリカでは、刑務所の囚人を最低賃金の一割にも満たない時給で働かせることが多くなった。これを、現在増加中の private prison（私企業に運用される刑務所）と組み合わせてみよう。そこには、多くの黒人が自由を失うとともに、企業にとって貸出可能な収益性のある「資産」に返還される制度が出来上がっていると言っても過言ではない。このような低コスト労働の恩恵を受けることにより、グローバライゼーションの中で競争力の維持を図っているアメリカの製造業者もあるという。いわば、現存する奴隷制である。

第6章　アメリカ司法の功罪

人種差別、女性に対する暴力、学校での乱射事件は、社会問題だろうか。それともビジネスの問題だろうか。常識的に考えると前者だが、不思議なことに米国の場合は、後者として様々な対策法が作られてきた。その背景には、今まで本書で説明してきた憲法の限界と、その限界を無理にでも乗り越えてきた米司法の特殊な手法がある。

というわけで、本章では民主主義の発展にアメリカの司法制度（特に合衆国最高裁を頂点とする連邦裁判制度）が、どのような役割を果たしてきたかについて考える。

訴訟が作った大国アメリカ

アメリカについて多くの日本人は、弁護士がやたらと多い訴訟大国というイメージを持っている。最近は日本でも弁護士が急増してきたとはいえ、それでも日米を比較して

「日本は何万人、アメリカは百何万人」といった数字がよく持ち出される。

アメリカに弁護士が多いことは否定しないが、そのことについては二点ほど留意されたい。第一に、アメリカには「弁護士」(lawyer) 以外の法律資格がほとんど存在しないのに対して、日本には行政書士、司法書士、税理士など、弁護士以外の法律資格が沢山ある。そのため、実は「法律職」に従事している人数を比較した場合、それほど大きな差はない。

第二に、何回も説明したように、アメリカは主権国家に近い五十州から成る連邦制であり、それぞれに州法と連邦法があるので、法律制度はきわめて複雑である。そのため、弁護士がいくらいても足りないという事情がある（詳しくは拙著『手ごわい頭脳――アメリカン弁護士の思考法』〔新潮新書〕参照）。

裁判の数は確かに多いが、日本との違いの一つは、憲法訴訟や行政訴訟が多いことである。その判決には、国家の形成に大きな影響を及ぼしたものが数多くある。このあたりも日本とは対照的だ。こうした訴訟が多いことの、原因の一つは憲法にある。

世界の〝現役〟成文国家憲法の中で、アメリカの憲法は一番古い。そして、その割に修正が少ない。最初の十の修正（権利章典）は憲法そのものとほぼ同時に成立しており、それ以降の二四〇年で加えられた権利章典以降の修正は十七回だけである。しかも、南北戦争という異常事態の直後に行われた修正第13、14、15条以外の大半は、大統領の任期制限や上院議員の直接投票に関するものであり、いわば微調整的な内容が多い。つまり、正式な改正以外の「憲法の変化」はすべて判例、すなわち訴訟に際して裁判所（特に合衆国最高裁判所）が行なった憲法解釈によって実現されてきたのだ。

もともとアメリカの憲法には人権規定が少なく、三権（立法・行政・司法）間のパワーバランス、連邦と州、州と州、連邦と国民、州と州民のそれぞれの関係性についても不明瞭な点が多い。その不明瞭な点が、訴訟によって少しずつはっきりしてきたとも言える。

先に〝アメリカは失敗した条約機構〟だと述べたが、それを何とか国の体裁にまで仕上げたのが最高裁判所である、と言っても過言ではない。連邦政府と国民の間には直接の関係がある、という他の国家では当然の見解ですら、確立したのは憲法制定から三十年後、一八一九年の最高裁の判例によるのである。

裁判所のイロハ

少し遠回りになるが、アメリカの場合は一口に裁判所と言ってもいろいろある。まじめに語ろうとすればそれだけで一冊の本になってしまうので、せめて本書を理解するため、連邦裁判制度と州裁判制度の違いについて最低限の説明をしておく。

まず州裁判所と連邦裁判所では、裁判の管轄が異なる。

もともと各州こそが国家だったアメリカでは、州ごとに国家なみの裁判制度がある。州の憲法や州法に基づいて設立された制度は、日本の三審制度（地方裁判所・高等裁判所・最高裁判所）に似ている場合が多い。州の裁判所は離婚や相続、一般の民事紛争や刑事事件、州法に基づくその他の紛争の審理をし、解決する。多くの州裁判制度の頂点はその州の Supreme Court（最高裁判所）であり、その州の法律の最終的な解釈権限を有する。

州裁判制度の一審裁判所（日本の地方裁判所にあたる）は、一般的に courts of general jurisdiction（普遍的な裁判管轄を有する裁判所）である。原則的に、どんな新規訴訟でもまずここで受理される。その上の裁判所が courts of limited jurisdiction（限定的裁判管轄権を有する裁判所）であり、特定の事件（上訴事件など）しか受理できない。これも日本と同様だ。最初から最高裁判所に特許訴訟などを提起することはできない。

こうした各州の裁判制度とは別に、連邦裁判制度がある。アメリカのニュースやドラマで「連邦」がつく組織名が登場すると、格別に偉いという印象を受ける日本人は多いだろう。アメリカ人でもまったく同じだ。アメリカにおいて〝連邦〟とは〝国家〟を意味するので、同種の組織であれば、州のものと比べて格上の場合が少なくない。

連邦裁判制度は、多くの州と同じように三審制度を採っている。各州に一つ以上の連邦地方裁判所（district court）があり、その上に複数の州の地裁の上訴審を受理する上訴裁判所（appellate court）がある（日本の高等裁判所に相当）。そして、そのまた上に合衆国最高裁判所がある。連邦の最高裁判所は、連邦裁判制度の頂点として連邦法の解釈について最終判断をするだけではなく、憲法の解釈や州法と連邦法の合憲性については各州の最高裁の上にも立つ、文字通り「最高」の裁判所である。

連邦裁判所と州裁判所の重要な違いは、すべての連邦裁判所が courts of limited jurisdiction であることだ。連邦議会が憲法に付与された立法権しか持たないのと同じように、連邦裁判所は憲法に定められている類の訴訟事件しか受理できない。したがって、憲法や連邦法に関する訴訟以外は、該当する州の裁判所に頼らざるを得ないのである。

ただし、憲法に関するすべての最終判断は合衆国最高裁判所が行なう。そのため、州の裁判制度で完敗したケースでも、州制度の手続きに憲法上の瑕疵があったり、州法や州裁判所の判決が憲法違反であったりするなど、憲法問題として捉えることができれば、連邦制度で救済される可能性がまだある。

裁判官の違いについても触れておこう。各州の裁判官の選任方法は多種多様なので、一概には説明できない。州知事が独断で任命する場合、裁判官候補指名委員会が示した候補から知事に任命される場合、直接選挙で州の市民に選ばれる場合など、様々な選び方があるだけではなく、同じ州であっても審級（裁判所のレベル。最高裁、地裁など）により選任方法が異なることもある。

裁判官の任用期間についても州や審級によってバラつきはあるが、多くの場合、任用期間は十年以内。また、一期目は知事に選ばれるが、再任されるには選挙で市民の承認が必要というパターンが多い。その場合、何らかの形で投票者の支持を得なければならない。

一方、連邦裁判官は大統領によって任命されるが、上院の承認がなければ原則として就任できない。ただし、ひとたび連邦裁判官になれば〝非行無き限り〟その身分が保障される（なお、連邦裁の裁判官には日本のような転勤がなく、特定の裁判所の判事として任命される。もし大統領が連邦地方裁判所の判事を最高裁に〝昇格〟させようと思えば、憲法の任命・承認プロセスをもう一度、経なければならない）。

つまり連邦裁判官は、死亡あるいは任意退官するか、または連邦議会の弾劾裁判によって罷免されない限り、ずっと連邦裁判官でいられるということだ。裁判官が罷免される事例は皆無に等しく、実体としては本人が望む限りの終身職である。そのため、八十代や九十代の現役判事もいる。ほかにも補完的な役割や特定の紛争の一審裁判を担当する任期付きの連邦裁判官もいるが、憲法の原則としては、終身職の裁判官しか「合衆国の司法権」を行使できない。

この〝非行無き限り〟は英国から受け継いだ概念であり、裁判官ひいては裁判所の独立を確保する上で非常に重要な制度である。ただし現在の英国では、裁判官は原則七十歳が定年となっており、〝非行無き限り〟はアメリカの制度の特徴になってしまった。

法廷は〝独裁の場〟か

第5章で取り上げた、奴隷制の後始末と黒人の公民権運動に関連する話題に戻ろうと思うが、その前に一旦アラブ諸国への寄り道に付き合っていただきたい。

二〇一〇年の末から、チュニジアを起点に北アフリカ・中東諸国に広まった「アラブの春」と呼ばれる民主化運動は、今もなお続いている。チュニジア、エジプト、リビアでは、独裁者とその側近が国外逃亡を余儀なくされたり、捕まって裁判にかけられたり、場合によっては射殺されたりするという場面もあった。将来の世界史において、アラブの春は非常に重要な出来事として位置づけられるに違いない。

このアラブの春に関する報道の中で、気になるものがあった。独裁政権崩壊後、それまでイスラム教徒と何とか共存してきたキリスト教等、他の宗教の信者に対する暴力事件や抑圧が増えたというのだ。これらの少数派は、独裁者によってある程度保護されてきた。つまり民主化運動が成功した後、その少数派を多数派の偏見や差別から守る存在がなくなってしまったわけだ。

単純に考えれば、多数派の意思によって物事が決まる社会的状況において、少数派は圧倒的に不利である。日本や欧米諸国はアラブの民主化を肯定的に捉えているが、かの国の多数派は、必ずしも少数派に対して優しい人たちばかりではない。皮肉なことだが、少数派の権利を保護するためには、多数派の要望に対して〝NO〟といえる何らかの「独裁勢力」が必要なのである。

単純多数決の意思決定方式を基礎としている民主主義社会でも、同じことがいえる。多くのことが選挙と選挙で選ばれた代表による議決で決められるようになっても、人種、宗教、その他の属性における少数派（マイノリティ）の人権をどのように担保するかは、現代国家の政治と法律の重要課題である。自らを多数派と任じている人にとっても、これは他人事ではない。なぜなら個人とは究極のマイノリティであり、これは個人の尊重原則と直結した課題であるともいえるからだ。

そうは言っても、政治の場においては基本的に多数派の意見を通すようにしないと物事が進まないし、民主主義は成立しない。このジレンマを解決するために有効なのが、法律なのである。多くの先進国では、マイノリティの保護を憲法と裁判所に委ねるというシステムを取っている。国家の基礎理念や人権を憲法に規定して、その時々の単純な多数決では覆せないようにする。これが、憲法によるマイノリティの保護である。

一方、裁判所による保護とは、憲法や法律に従って様々な紛争を冷静かつ公平に解決することである。こうしておかないと、一時的な選挙結果やブームによって物事がすべて決められてしまうことになるのだ。

裁判官の身分は保障されているため、時々の多数派の意に反した判断をしても職を失うことがない。あえていうならば、先進国の法廷は裁判官による一種の独裁政治が行われる場ともいえる。しかし、裁判官が一種の「法服を着た独裁者」であるからこそ、一市民の権利が保護・実現される、とも考えられる。

特に米国では、このような意識が強いかもしれない。その背景には、前章で触れたブラウン判決など、黒人の社会的向上やその他の人権保護に大きく貢献してきたと思われる、一九五〇年代以降の最高裁の一連の判例がある。おさらいしておくと、ブラウン判決とは公教育の場での人種差別を違憲と判断したものである。

最高裁が守ってきた〝少数派〟の正体

こう書けば、合衆国憲法の不十分なところを連邦最高裁（および他の裁判所）が判決で補い、マイノリティや社会的弱者の権利を保護してきた、と思われるかもしれない。

確かに、そういう面もなかったわけではない。

しかし歴史的に見ると、最高裁がそのような立派な働きばかりをしてきたとは言い難い。何せ、ブラウン判決は一九五〇年代のこと。それまでは、奴隷解放後の黒人が実質上の二流国民扱いを受ける「分離平等政策」が合憲とされていた。その判断を下したのも、最高裁である。約六十年後のブラウン判決をもって分離平等政策への解釈を「違憲」に変えたことは、最高裁の罪滅ぼしともいえる。

最高裁の〝罪〟は、分離平等政策を合憲としたことに限らない。黒人を保護するために憲法に加えられた修正第14条は、最高裁の解釈によって、数十年間にわたりもっぱら違う「用途」に使われていた。その用途とは何か。後ほど説明するように、企業と資産家を守ることである。

南北戦争終結から約十年後、南部の州が合衆国に復帰し、北部による軍事占領が終わろうとしていた頃から、〝もう仲良くしましょう〟という雰囲気の中で、連邦政府（＝北部）による南部への内政干渉がほとんどなくなっていく。この「内政干渉」には、連邦議会や連邦軍による黒人の参政権・人権の保護などが含まれる。この時期の最高裁もまた、南部への内政干渉には消極的だった。したがって、この時期から南部の黒人は司法制度に救済を求められなくなった。

たとえば一八七二年、ルイジアナ州知事選挙に際して黒人票の扱いを巡る抗争が、武装集団の殺し合いにまで発展した。騒乱は連邦軍の出動で沈静化したが、当選したはずの候補を支援する多くの黒人は、丸腰の状態で白人武力組織に惨殺されてしまった。

加害者である白人のうち、わずか数名は連邦法に基づいて刑事告訴されたが、最高裁は一八七六年、「修正第14条は州政府による行為のみを対象としており、連邦議会には個人による殺人などといった行為を規制する立法権はない」として告訴を棄却した。もちろん、彼らがしたことは当時のルイジアナ州法でも殺人罪に該当するが、被害者が黒人であった場合、白人が牛耳る司法制度が加害者を逮捕・起訴しなければ、事件はそれで終わりになる。

この最高裁の解釈によって、権利を主張する黒人をリンチする〝私的〟白人武装団体があったとしても、州政府が黙認すれば刑事告訴すらできないことになった。これでは黒人の参政権などは有形無実であり、大抵の人種差別的な行為に対して連邦政府は介入することができない。

実際のところ、この前後から南部を中心にクー・クラックス・クラン（ＫＫＫ）と呼ばれる白人至上主義秘密結社が勢力を増し、暴力と脅しによって黒人の参政権やその他の自由権を長年にわたって違法に制限してきた。ＫＫＫに加盟する政府要人も珍しくなかったが、これもまた〝私人団体〟であり、連邦政府の規制の範囲外に置かれていたのである。

アメリカン・ドリームを生んだもの

実際に最高裁が長年一貫して保護した「マイノリティ」とは、企業であると言えるかもしれない。先ほど、修正第14条がもっぱら企業の権利を守るために使われてきた時期があると述べたが、近年でも企業に有利な判断が珍しくない。

たとえば最高裁は二〇〇五年、自治体が強制収用手続きで個人から家と土地を没収して不動産開発会社に転用させることは、地方税収入が増えるという観点からは「公益に資する」ので、違憲ではないという判断を下している。また二〇一〇年には、企業による政治献金を規制する連邦法が「企業の言論の自由」を侵害するとし、違憲と判定した。

アメリカでは現在でも、企業が政治に対して十分すぎるほどの影響力を発揮している。リーマンショックやサブ・プライム危機など全世界を襲い続ける金融不況の一因は、連邦政府の金融行政が、企業の意向によって骨抜きにされてしまったことにあるという見方がある。企業への規制がもっと厳しく行なわれていれば、このような事態は避けられたかもしれない。企業が政治に対して強い影響力を持つ背景に、多額の献金があることはどの国でも同じであり、それを規制しようという連邦法が作られるのは当然とも言える。しかし最高裁は、強引とも思える論理で、それを違憲と判断したわけである。

さて、南北戦争直後に話を戻すと、当時の最高裁が現代の私たちから見れば不条理きわまりない判断を重ねてきた背景には、米経済の発展があった。西部の開拓が進み鉄道網が充実すると、町と工場、産地と市場がつながり、複数の州にまたがる経済活動が増大した。経済の観点から見れば、鉄道こそが、ばらばらだったアメリカをまとまりのある「国」にした立役者だったといえる。

鉄道路線の多くは私企業に開発され独占市場となったため、鉄道業者は利用者から不当に高い運賃を徴収することができた。失敗した事業者も少なくなかったが、成功した場合には経営者や株主が大富豪になることが珍しくなかった時代である。鉄道以外にも石油、金融、製造業など、様々な〝新規産業〟から大金持ちが現れた。

このような企業や大富豪にとって、純粋な民主主義は脅威であっただろう。どの社会においても、富裕層は一種のマイノリティである。お金のない人に選挙権が認められれば、彼らは富裕層の味方などしない。

単純な多数決をすれば、課税や強制収用によって富を貧困層に再分配したり、公共目的に使ったりすることが可能になるのだから、富裕層が過度な民主化に不安を感じてもおかしくない。憲法に財産権を保護する規定があるのは、このこととも関連しているはずだが、それではどうやったらその財産を築くことができるだろうか。

「アメリカン・ドリーム」の意味するところの大部分は「一攫千金」のそれと重なるが、こうしたことが成り立つのも、富裕層を優遇する極端な自由経済があればこそである。かつてこの自由経済を可能にしたのは、多くのビジネスを規制する州法と連邦法を無効にした最高裁だったともいえる。

一九二九年の株式市場の大暴落と、その後に世界に広まった大恐慌に象徴されるように、それまでのアメリカ経済の発展には負の面も多くあった。過酷な労働条件を強いられる労働者、鉄道などの寡占市場で不当な料金を搾取される消費者、その他の行き過ぎた企業活動の被害者を保護・救済するために、連邦政府も州政府も手をこまぬいていたわけではない。

各州政府も鉄道などの企業活動に様々な税金や規制をかける法律を作ろうと試みた。しかし、それらは最高裁の違憲判定を受けることが少なくなかった。たしかに州が作った法律の中には、自州の企業を優遇したり他州の企業に不当な負担をかけたりして、全国規模の経済発展を妨げるようなものもあった。その一方で、労働条件の改善や企業活動の弊害を対象とする州法までが違憲として無効にされた例もある。

もっとも有名なのが、一九〇五年のロクナー判決である。この裁判で最高裁は、パン職人の労働時間を週六十時間以内に制限したニューヨーク州法を、「雇用者・労働者双方の〝契約の自由〟を侵害する」ものとして違憲とした。経営者側が経営上不都合な規制を不服として訴えたという背景があったわけだが、最高裁は、企業の利益になることなら州内のこれほど細かい事柄にまで干渉するが、それとは対照的に、黒人その他の社会的弱者を保護するためにはあまり干渉しない。

ロクナー判決の不利益をこうむったのは、黒人だけではない。それは、貧困層・労働層に属する多くの白人の人権保護、社会的地位の向上をも妨げた。その一方、資産家にとって最高裁は、企業が最大限の利益を追求するための法的グレーゾーン（しかも、連邦議会も州政府も規制できない）を作ってくれた、ありがたい存在だったはずだ。

ルーズベルト大統領の脅威

一九三三年、第三十二代大統領に就任したフランクリン・ルーズベルトは、一九二九年以来続いた大恐慌による大規模失業や経済の機能不全に対して、大がかりな国策を打ち出した。農家の利益性を向上させるための農業生産規制、現在の公的年金制度の前身となる労働者の年金制度設立、連邦政府による経済・市場介入の許可、労働基本権の設定など、いずれも現代の目でみれば妥当な政策に思えるだろう。しかしその合憲性が争われると、最高裁は次々にそれらを違憲としてしまった。

ルーズベルトは大恐慌で窮地に陥っていたアメリカを立て直すべく、ニューディール政策を掲げ、多くの支持を得たはずだった。彼は過度に自由主義的な政策から、政府が経済活動にある程度の干渉をする政策へと方向転換を図ろうとしたのだ。しかし大統領就任後、彼が連邦議会と連携しつつ公約を実行しようとすると、最高裁は新政策を次々に葬ってしまう。判事たちはもっぱら、過去の大統領に任命された白人の爺さんだった。

彼らの妨害を排除するためにルーズベルトが思いついたのが、最高裁の構成を変えるという強硬手段だった。連邦裁判官は〝非行がない限り〟罷免できないが、憲法には最高裁判事の人数に関する定めがないので、通常の連邦法で変えることができるのだ。したがって、ルーズベルトの政策を支持する若い判事を増員していけば、しぶとく反対してきた判事が少数派になるまで〝薄める〟ことができる。

ルーズベルトがこのプランを提案したところ、最高裁は危機を察知したのか、次の裁判ではルーズベルトの政策を合憲とした。このため判事の〝水増し〟計画は実現しなかったが、それ以降、最高裁が連邦政府の政策を大きく妨害したことはない。

ここまで説明してきたように、連邦裁判所（なかでも最高裁判所）は憲法解釈権（とくに違憲審査権）を通じて、州政府・連邦政府双方が何をどこまでできるか最終判断を下すという、絶大な権限を有する。この権限の駆使により連邦裁判所は、連邦政府の拡大と各州主権の縮小、そして条約機構から国家へというアメリカの変貌プロセスに大きな役割を担ってきた。

ところが、実は憲法には、連邦裁判所に違憲審査権を付与する明文規定はない。日本国憲法第八十一条は裁判所の違憲審査権を認めているし、現代国家では最高裁判所や憲法判断のための特設裁判所が憲法的判断を下すことがいわば常識となっている。

しかし建国当時のアメリカには、そのような常識がなかった。むしろ、アメリカの法制度に多大な影響を及ぼしてきた英国では、最終的に国王と議会さえ認めれば何もかもが〝合憲〟で、最終的な司法判断は国会内の組織が行なう、という長い伝統がある（国会から独立した、憲法的判断を行なう最高裁判所が英国にはじめて生まれたのは、なんと二〇〇九年だった）。

実は米最高裁の場合、違憲審査権は自ら摑み取ったものだ。一八〇三年、それまで弱い立場だった最高裁が「合憲性の判断を我々がするのは当然だ」と決めつけて以来、それがまさに「常識」になってきたという経緯がある。

何もかもが「通商」として規制されるわけ

最高裁がこの違憲審査権をどのように利用し、連邦政府と州の主権の規模を定めて国家としてのアメリカを仕上げてきたかというと、かなり内容の濃い法律理論の話になってしまう。

ごく簡単に言えば、連邦議会に付与された立法権の範囲を拡大解釈すれば、連邦政府は〝大きく〟なる。そうは言っても、拡大できる立法権はそもそも少ないため、多くの場合に根拠となったのは「各州間の通商を規制する権限」（第1章第8条第3項）、いわゆる通商規制権だった。文字面だけ見れば産業・ビジネスに関連した権限のようだが、連邦政府はこの条項を魔法のように使ってその権限を拡大してきたのだ。

そう、「アメリカはやたらビジネスや金ばっかり」というイメージがあるが、それは憲法解釈に根ざした側面があるかもしれない。つまり連邦政府が立法するにあたっては、無理にでも「通商」や「商売」と結びつけて論理を組み立てないと、憲法の要件を満たさない場合がある。そして、何が「各州間の通商」に該当するかという最高裁の判断によって、連邦政府のサイズそのものが左右されるわけだ。

対象の行為が「各州間の通商」に該当すれば、連邦議会は連邦法でそれを規制できるだけでなく、その法律を運用するための連邦行政機関まで作れる。逆に、最高裁が「各州間の通商の範囲外」と判断し、また他の条文にも根拠がない場合、連邦議会はその行為を規制できない。たとえば、最高裁が「製造業は通商ではない」と定義すれば、連邦法では製造業への規制をすることはできなくなる。逆に「通商にあたる」といえば、その監視も連邦政府が行なえるし、そのために新しい省庁を作ることもできる。

ルーズベルト大統領との〝対決〟まで、最高裁は通商規制権の解釈については消極的だった。たとえば一九〇二年頃、製造業は通商の対象外であるという理由で、連邦の独占禁止法の適用を否定した。その他にも、児童労働を全国的に制限・禁止するための連邦法や、ルーズベルト大統領の年金・農業・労働政策が、同じような理由で違憲無効にされてしまった。

しかしその〝対決〟以降は、ほとんどどのような連邦法も、通商規制権を根拠に合憲とされてきた。つまり、それまで連邦政府ができなかったことが、最高裁の意向次第で急にできるようになったのだ。たとえば一九三六年、最高裁は連邦政府が各州の農業に介入することは違憲だと判断した。つまり、農業は「通商」にあたらないという判断だ。ところがそのわずか六年後には、農家が自家用に小麦を栽培することを禁止した連邦法を合憲としている。この時は、農業は「通商」にあたると判断したのである。結果の是非は別として、ここまで重要なことが最高裁の胸先三寸で決まるというのはちょっと恐ろしい。

連邦法で規制できない事柄について、連邦政府は各州の立法と行政に介入できない。したがって、先ほど紹介した修正第14条の限界（州政府による公的差別にしか及ばない、という解釈）と合わせると、南部では私人や私企業による黒人差別が容認されえたわけだ。一九六〇年代以降、ついに連邦議会がホテルやレストランなどの大衆向けビジネスによる私的差別、雇用における差別を禁止する連邦法を作ったが、この根拠もやはり通商規制権だった。そして、これらの法律は早くから最高裁の合憲判定を受けた。

このように通商規制権は、最高裁の解釈によって、ほぼ無限の国家立法権になってきた。女性に対する暴力を罰する連邦法や、学校付近で銃を所持することを禁止する連邦法を「通商規制権の範囲外」として違憲とした近年の判例は数少ない例外だが、現在ではほとんどの連邦法が、建前だけでも通商と関連性があるように制定されればOKなのである（もちろん、憲法にそれ以外の明確な根拠があれば、他の規定に基づく場合もある）。


通商規制権の拡大のもう一つの副作用は、連邦刑法と連邦犯罪取締組織の肥大化である。今日では連邦法の中に数えきれないほどの刑罰規定が潜んでいるため、ある著名な刑事弁護士いわく「すべてのアメリカ人は、知らずに毎日三回ぐらい連邦法上の重犯罪を犯している」。こうした罰則規定の多くは、通商規制権を根拠にしている。多くの犯罪には金銭が絡むため、それだけでも「通商に影響を及ぼすから規制できる」というのだ。

たとえば、麻薬取締を規制する連邦法は、連邦議会に麻薬取引を規制（実際は禁止）する権限があることを根拠としている。しかし、販売目的ではなく使用目的で少量の大麻を持っていることが「各州間の通商」にあたるかといえば、かなり無理がある。それでも、連邦法は実際に麻薬を取引するかどうかより所持量に重点を置いて設計されているので、「一定以上の量を所持していれば販売する意図がある」という単純な論理で、一種の推定有罪と判断するのである。

連邦犯罪規定の多くは形式的要件（所持量など）だけで成立するように作られており、そこでは英米型普通法が重視してきた「ギルティーマインド」（犯罪行為をする意図）の有無が無視されている。「麻薬取締のためならやむを得ない」と思われるかもしれないし、実際、麻薬を取り締まるためだけに、こういう論理が使われるのならばそう問題はないかもしれないが、後述するように、こういった手法が刑事司法の「非民主化」につながるという指摘もある。「ギルティーマインド」を要件としない連邦刑罰規定が多くなれば、まったく悪意のない人でも簡単に犯罪者になってしまう、あるいはされてしまうわけだ。

主権国家を「ただの州」にする魔法

連邦政府の権限と規模の拡大が認められる一方で、各州の主権は、最高裁の憲法解釈によって大幅に縮小されてきた。すでに説明したように、合衆国憲法とは、そもそも連邦政府の干渉から各州の主権を保護するために設計されたものである。それだけに、設計の意図に反した結果を可能にするための解釈論には、かなりのややこしさがつきまとう。

興味のある方のために本項と次項で少々解説するが、読み飛ばしていただいても結構である。ごく簡単にいえば、最高裁にはもう一つの魔法があるということだ。それは、州政府の立法権・行政権・司法権を狭めるための解釈論である。

中でも大きいのが、権利章典を州に対しても適用したことである。

繰り返しになるが、権利章典は当初、連邦政府のみを制限するものとして憲法に加えられた。その背景には、国家が強大すぎる権限を持つことは、州政府や国民の抑圧につながるという危惧があった。それは、「連邦政府は……してはならない」という、言論・宗教の自由を保障する修正第1条の文脈からも明らかである。だが最高裁はその権利章典を、様々な判例を通じて少しずつ、州政府の規制権までも制限するものに変換していった。そして、州議会が作った法律を州政府が執行し、州の最高裁判所までもがOKしても、連邦最高裁が「権利章典違反だ」と言えばすべてがひっくり返るようになったのである。

しかし、「権利章典が州にも及ぶ」と言っても、内容の全てが適用されるわけではない。判例ごとに「この部分は及ぶ」「あの部分は及ばない」と決まってきたので、適用の範囲はそれぞれの条文やその部分ごとにバラバラである（修正第9条や第10条については、そもそも文脈的にこうした解釈ができないということもある）。

たとえば、先の修正第1条は州政府をも束縛するが、修正第5条にある「大陪審による刑事訴追」については各州の刑事司法制度を束縛しない。アメリカでは美化されて語られることの多い権利章典だが、このような判例の累積の結果、その適用範囲についてはっきり知らないアメリカ人も多いだろう。

権利章典に関する判例の積み重ねは、いまも続いている。ついに最高裁は二〇一〇年、連邦が国民の武器保有権を侵してはならないとする修正第2条は州にも及ぶと判断した。つまり、銃の保有は州政府が侵害できない個人権となったということであり、その結果として、州による銃規制はさらに難しくなる計算が高い。修正第2条がそもそも各州に〝規律ある〟民兵団を確保するための条文だったことを考えると、いささか皮肉な結果である。

最高裁は権利章典の適用以外にも、憲法に明記されていない〝憲法的な権利〟を発見することで州政府の権限（場合によっては連邦議会の権限も）を制限するという論理的手法を使ってきた。たとえば、プライバシー権や避妊・中絶を受ける権利は憲法の明文規定ではないが、最高裁の判例によって憲法に保障される権利となっている。

自然法に根付いた英米法古来の憲法思想からすれば、〝憲法にはないが、憲法に保障される〟という解釈は必ずしも間違っているわけではない。たとえば日本の場合でも、プライバシー権は憲法には明記されていないが、幸福追求権等に含まれるという理論があると聞く。ただ、こうしたことが最高裁の意向次第で決まるというのはどうだろうか。

先ほど紹介したロクナー判決では結局のところ、〝契約の自由〟が「憲法には明記されていないが憲法に保護された権利」とされた。すなわち、パン職人には朝から晩まで働く〝自由〟があるというのだ。ニューヨーク州民の代表が設けた労働基準の一部が〝労働者の契約の自由〟を侵害するから違憲、という発想は、今になってみればおかしなものだ。しかし、どの時代でも裁判官の思想と論理が民意に勝るということが、アメリカの特徴と言えるかもしれない。

最高裁とて、まったく無根拠に〝権利章典が州にも及ぶ〟や〝憲法にないがこの権利も憲法に保護されている〟という解釈論を生み出してきたわけではない。州を対象に作られた修正第14条には「いかなる州も、法の適正な過程（中略）によらずに、何人からもその生命、自由または財産を奪ってはならない」というくだりがあって、〝法の適正な過程〟がカギになっている。

この部分は、英語では〝without due process of law〟となっており、本来ならば「適正な法的手続きによらず」といった訳の方が正確と言えなくもない（参考までに、この条文に相当する日本国憲法第三十一条では「法律の定める手続によらなければ」となっている）。

一般的に、法学の世界ではsubstantive law（実体法）とprocedural law（手続法）は別物として考えられおり、場合によって両者は反語的に近い位置づけをされる。民法や刑法のように「借りた金は返せ」や「人を殺したら死刑になる」といった社会的ルールを設ける実体法に対して、その社会的ルールが公正・適正に適用されることを担保するためのルールが手続法である。手続法の典型例として、民事訴訟法や刑事訴訟法がある。

そうならば、本来は「due process」は裁判が公平であるかどうか、市民の権利義務に影響を及ぼす行政手続が適正に行われているかどうかなど、もっぱら手続法を視野に入れた概念である、という解釈になるはずだ。しかし最高裁は、それをはるかに超えて、法律が成立する過程や実体法の内容までを due process の解釈で処理してきたのである。この拡大解釈は“substantive due process”と呼ばれているが、日本語に直訳すると「実体的適正手続」となる。英語にしても日本語にしても矛盾しているような表現である。しかし、このような矛盾だらけの理論が、最高裁が長年使ってきた理論であり、このあたりの話が極めて難解である理由の一つだ（ちなみに日本の法学者は一般に、訳すのが面倒くさいためか、due process をそのまま「デュープロセス」と呼んでいる）。

もちろん、たとえば白人ばかりの票で選ばれた議会が作った法律が黒人の参政権行使を不正に妨害しているとすれば、確かにそれは単なる「手続き」の問題ではなく、「立法過程」そのものの問題だといえる。しかし、それは実際にある憲法の文言（「法の下の平等」など）で対抗できたのではないか、と思う。

目的とプロセスの違い

誤解されると非常に困るので断っておくが、最高裁の解釈論によって黒人に対する差別問題が改善されてきたことや、州政府が権利章典の様々な制約を受けるようになったことについて、私は特に文句がない。

ただ、それらは多くの場合、民主主義からもっとも離れた公的プロセス（裁判の上訴審）によって実現されてきたし、そのプロセスを通じて憲法そのものが一般国民の理解を超える形に変換されてきた。その結果として、そもそも民主国家ではない〝条約機構〟に計り知れない権力が集中してしまったという問題を、指摘しておきたいのである。

こうした憲法の変質は、当事者主義を基礎とする裁判を核に進められてきた。そのため、当事者以外の多くの国民にとっては「他人事」だった。メディアや国民の関心度が高い最高裁事件でも、国民にできるのは傍観して判決を待つことだけである。

現行制度では、選挙で選ばれた州議会（ほぼ全州が二院制なので、両院）議員の多数決で成立した州法も、選挙で選ばれた上下両院議員が過半数で可決した上に大統領が署名した連邦法も、あるいは大統領が拒否権を行使したけれども両院議員の三分の二の議決で成立した連邦法も、皆たった九名の最高裁判事の単純多数決によって無効にされてしまう。しかも、その判断を下す判事たちは、基本的に死ぬまでその椅子に座り続けることができる。

また、憲法にはさらにハードルの高い改正手続き（連邦議会両院の三分の二の可決と、全州の四分の三の批准）が規定されているにもかかわらず、実質上は、最高裁の単純多数決で大幅に変更されてきた。最高裁判事は、まさに法服を着た独裁者なのである。

確かに最高裁は一九五〇年代から七〇年代にかけて、ブラウン判決のような革新的と言われる判決をいくつか出してきた。そうした時代の「ぬくもり」のおかげで、いまだに多くのアメリカ人が連邦裁判所に大きな期待感を持っているかもしれない。しかし、本書で紹介した歴史に鑑みれば、その期待が裏切られないという保障はまったくない。後から説明するように、最高裁のメンバーが二、三人変わっただけで、ふたたび民意からかけ離れた判断が多くなる可能性もある。

法服を着た政治家

裁判官が「憲法の番人」だと思っている日本人は、最終的にはその高度な専門知識に任せて、憲法判断を最高裁判所にゆだねる他ないと考えるかもしれない。すなわち、最高裁判事は法廷のベテランであり、その賢明な法律判断を尊重することこそ法治国家の極みである、と。

しかし残念なことに、すべての最高裁判事が法廷のベテランだというわけではない（ちなみに、日本の最高裁判事についても同じことがいえる）。憲法には最高裁判事の就任要件に関する定めが存在せず、米国籍も法律資格も求められていない。

アメリカでは大統領でも議員でも官僚でも弁護士資格者が至るところにいるため、資格を持っているだけでは法廷のベテランということにならない。もちろん、大統領に任命されても上院の承認を経なければ原則として就任できないので、アメリカ国籍がなかったり、まったく法律知識がなかったりするような人は、そこでストップがかかるはずだ。しかし、任命された候補がまずまずの経歴を持ち、上院の構成やその他の政治情勢が大統領に有利であれば、それほど立派な法律家でなくとも最高裁判事になることができる。

法律家としての資質よりは、任命した大統領と承認した上院（とその過半数以上の議席を獲得している政党）にとって容認できる思想の持ち主であるかどうかが重要なのである。つまり、最高裁は一種の政治家集団だといえる（過去には、元州知事や元大統領という文字通りの政治家が最高裁判事になるケースもあった）。

最高裁判事とは結局のところ、大統領とその所属政党の思想を、政権交代の後まで守ってくれそうな人物が就く役職なのである。一八九〇〜一九三〇年代の最高裁が企業、なかでも鉄道事業に有利な判決を出し続けた背景には、その時代の判事に、鉄道業界の弁護士として成功した後に政界進出した人物が少なくなかったからだという指摘もある。

今の最高裁判事を見れば立派な経歴の人たちばかりだし、裁判官経験者や名門ロースクールの学長だった人もいる。ただ、いずれもどちらかの政党もしくはその思想に染まっている痕跡がある。

現在の首席判事ジョーン・ロバーツを例にとってみよう。一九七九年に名門ハーバードロースクールを卒業した彼は、二〇〇五年ブッシュ大統領に任命された。その当時、すでに連邦控訴裁判所の判事だった。実のところ、その職も二〇〇三年にブッシュ大統領の任命を受けたものである。合衆国最高裁のトップとして君臨するまで、この二年間しか裁判官を経験していない。

それ以前は、約十年の間ワシントンＤＣで弁護士事務所で働き、さらにその前の約十年間は、米司法省やホワイトハウスの公務員弁護士だった。このタイミングは、共和党政権（レーガン大統領と、その後のジョージ・H・W・ブッシュ政権）と民主党政権（クリントン大統領）の入れ替わりと重なる。つまり、彼は「共和党側」もしくは「保守派」の人間として、共和党政権では政権内部の要職を務め、民主党政権になると「在野」で弁護士活動をしていたというわけだ。弁護士として最高裁の控訴事件を手がけた経験は豊かだが、裁判官としての経験には乏しい。

これは、ワシントンDC型のキャリアにはありがちなパターンである。第3章で説明したように、裁判官だけでなく、連邦政府の多くの要職が大統領によって任命されるので、行政の指導層は政権交替のたびにほとんど全てが入れ替わる。共和党の大統領が任命した人々が全部、民主党大統領が任命した人々になる。そうすると、裁判官としての経験に乏しいロバーツ氏が連邦控訴裁判事に任命された背景には、もちろんその能力が買われたという面もあるのだろうが、すでに共和党的憲法論者であることが実証済みだったという点があったことも見逃せない。

最高裁の中には、共和党対民主党という二元論的な思想的葛藤がある。多くの重要判例が五対四の単純多数決で決まり、「負けた」方の判事が「勝った」判事たちを反対意見書で厳しく批判することが常態化しているのも、こうした政治的背景があるからだ。

たった一人を説得できれば

最高裁判事の構成は、死亡や退官がない限り同じ顔ぶれで固定される。たとえば、任命当時に五十歳だったロバーツ判事は、三、四十年もの長きにわたって首席判事のポストに座り続ける可能性が十分ある。そして、事件ごとにどの判事がどう転ぶかは、各人の思想的背景によってある程度の見当がつく。任命した大統領の期待を「裏切る」判事もいないことはないが、憲法訴訟を詳しくフォローしている学者や弁護士であれば、かなりの確率で判決を予測できるらしい。

先ほども触れたように、多くの事件は五対四で決まるだけではなく、すでに大半の判事のハラは最初から見当がついている。したがって口頭弁論の際には、どちらに転ぶかわからない判事のみを説得すればいい。このように、実体としては最高裁で出される多くの重要判例が、たった一人か二人の判事の意向で決まる。言い換えれば、アメリカではたった一人の判断によって、連邦法や州法が違憲と判定されたり、憲法解釈が変わったりするのだ。

先にも触れたように、二〇〇一年九月十一日の同時多発テロ事件以降、CIAや米軍が世界各地で捕らえたテロの容疑者が、キューバ領グアンタナモ湾の米軍基地内で裁判を受けることもなく何年間も身柄を拘束されてきた。このことに関して最高裁は二〇〇八年、このような境遇にある容疑者は、米国外にいても連邦裁判所に人身保護の請求ができるという内容の判決を下した。

当然のようにも思える内容だが、判決は「できる」五対「できない」四という僅差だった。控訴人はその後に解放され、現在はフランスで暮らしている。「テロリストだった」というのはアメリカの勘違いだったらしいが、それが是正されたのが、たった一人の裁判官によるまさに紙一重の判断のおかげだというのだから恐ろしい。

アメリカの民主主義、そしてアメリカ人以外の自由までが、このようなきわどい状態にある。それは、過度な司法崇拝の当然の帰結ともいえるかもしれない。

真の民主主義はどこに？

憲法ができた当時、多くのアメリカ人にとって民主主義を実感させてくれるのは、遠方の連邦政府でも州政府でもなく、自分が住む町とその町の裁判所の陪審制度だっただろう。議会はあっても、大半の人には選挙権を享受するだけの財産がなかった。したがって、本来のアメリカ的な〝民主主義〟の中核といえば地方自治だったのである。

ところが現在では、本書で説明してきたプロセスにより、日常生活にかかわるルールまでがかなりの割合で連邦法となってきた。町単位、州単位で協議を重ねて決めたことも、結局は連邦議会で引っくり返されてしまう可能性がある。地元議会の決定がワシントンDCにいる九名中五人の判事の胸先三寸で覆されるなら、地方選挙・州選挙に投票しても意味がないという気持ちになってもおかしくない。

しかも、連邦法で定めてあるということは、連邦政府が地域社会、地方政治に干渉できるということだ。地域社会が閉鎖的でマイノリティに対する差別が生まれやすいというような場合ならばともかく、地域社会が民主主義にのっとって決めたことに、連邦検察やその他の連邦行政官が気安くチョッカイを出すというのはどうか。すでに述べたように、歴史的に、連邦政府の三権はいずれも決して強くはなかった。「連邦政府」だからと言って、その介入に正当性があるという保障はない。

いずれにせよ連邦政府の介入のおかげで、立法と取り締まりは多くの人にとって「他人事」になってきてしまったと筆者は考える。従来アメリカでは、自分や自分の知り合いに適用されるものとして地域単位で議論した社会的ルールを、選挙で選ばれた自治体が立法化し、州や町の警察や検察が取り締まってきた。だが社会的ルールが連邦単位で議論されるようになった今では、多くの米国民にとってはあたかも〝他の地域〟で起きている問題に対して、連邦議会が〝他人〟を対象に法律を作るかのようになっている。

取り締まりに際しても、選挙で選ばれることの多い州や自治体の警察署長・法務（検察）長官であれば、あまりにも民意に反したことはできないはずだ。しかし、連邦の検察や行政機関の長は大統領の意向でその職についているため、地方の民意を無視しても「問題ない」。さらに政権と州政府の支持する党派がそれぞれ異なる場合、取り締まりが政治の道具として使われる余地もある。

骨抜きにされた陪審制度

先に、マイノリティの保護は裁判所に期待される役割であると書いたが、それはいささかミスリーディングだったかもしれない。なぜなら、日本人は「裁判所＝裁判官」というイメージを持っているかもしれないが、アメリカの場合は本来「裁判所＝裁判官＋陪審」なのである。ここで、陪審制度についても解説を加えておこう。

陪審制度のあるべき姿とは、裁判官が法解釈に関する必要な判断および訴訟法（手続法）に従って証拠提示など裁判の進行を行い、陪審が事件の争点となっている事実（たとえば刑事事件の被告が有罪か無罪かなど）を認定し、評決を出すというものだ。

建前上、陪審は裁判官から説明された法律と、裁判で耳にした証言やそれ以外の証拠に基づいて判断をしていることになっているが、最終的に陪審が何に基づいて評決したかについては明らかにされないし、陪審員は評決に関して理由を説明する義務もなければ、一切の責任を追及されることもない。陪審が法律や証拠を無視した場合でも、評決を変えることは難しい（刑事裁判の場合は、ほとんど不可能である）。つまり陪審とは、予測不能な結果を出すブラックボックスなのである。

陪審員は、事件があった地域社会の市民から選ばれる。人数は伝統的に十二名のことが多いが、州によっては九名または六名と異なる。刑事裁判の場合は原則として、全員一致でなければ無罪も有罪も評決できない。陪審の構成がその地域社会を正しく反映していれば（かつては黒人や女性が排除されていたため、必ずしも〝公平〟と言えない側面があった）、様々なマイノリティの経験までが陪審の判断に影響を及ぼすことになる。

たとえば、ある町の白人の大半は警察にひどい目にあった経験がないとしよう。だとすれば、白人の裁判官や陪審員は警官の証言を絶対と信じるかもしれない。しかし、同じ町の黒人が白人警官から差別的な取り締まりや不当な逮捕・取調べをしばしば経験しているとすれば、その経験を共有する黒人の陪審員は、警官の言うことについて違う見方をするはずだ。陪審員の意見が分かれた場合、検察は裁判のやり直しをするか、起訴を断念するかという判断を強いられる。陪審員は、他の陪審員を説得できなくても、有罪（あるいは無罪）評決を阻止することができるのである。

歴史的に陪審は、裁判で適用されようとしている実体法の内容や取り締まりの正当性まで判断する役割を担ってきた。言い換えれば、民衆の代表として〝この事件の正義とは何か〟を最終判断するのだ。今でも陪審には、単に被告がシロかクロかという二元論的な事実認定だけでなく、「法律が悪いから」「被告に法律が想定していなかった事情があるから」あるいは「警察のやり方がひどかったから」など、様々な理由で「無罪」の評決をするパワーがある。

このように、証拠や法律だけではなく、陪審員一人ひとりの良心に基づく判断で社会的正義が実現されることこそが、民主社会における陪審制度の本当の意義であると考える人も少なくない。ところが裁判実務では、陪審制度のこのパワー、すなわち陪審本来の役割がなかなか発揮しづらいようになっている。刑罰に関する情報の扱いは、その一例である。

裁判の手続きとしては、陪審による有罪評決のあとで、裁判官が懲役何年などという量刑判断をする。ただし、裁判中もしくは評議中に、陪審に刑罰について情報を与えてはいけないことになっている。被告を有罪にすれば刑期が一年になるのか三十年になるのかを知りたい陪審員は少なくないはずだが、そのような情報は提供されない。刑の重罰化が進んでいるアメリカでは、些細なことでも下手をすれば懲役十年や二十年はくらいかねないので、陪審員が刑罰の内容を把握していたとすれば、「被告はクロっぽい。だけど、その程度の罪で二十年も投獄されちゃ……」という「常識的な」判断をしてしまうかもしれないからである。

同じように、陪審は評議に入る前に関連する法律（たとえば刑法上の成立要件など）について裁判官から説明を受けるのだが、そこでは法律の正当性そのものについては議論してはいけないことになっている。このことに関しては、数年前に面白いニュースがあった。

麻薬所持事件の陪審裁判で、一人の陪審員が他の陪審員に次の疑問を投げた。「昔、禁酒法を作るために、そのための憲法改正があったのに、なんで今は同じような改憲がないのに連邦議会は麻薬所持を禁止できるか」と。確かに、アメリカの「禁酒法時代」は一九一九年に批准された修正第18条で幕があがり、それを廃止した修正第21条が批准される一九三三年まで続く。修正第18条は酒の製造、販売、輸入などを禁止したものの、単なる所持までは禁止しなかった。麻薬取り締まりの是非は置いておくとして、この陪審員の質問はなかなか鋭い。残念なことに、今の制度ではこのような質問をする市民が陪審員になることは歓迎されず、彼は担当の裁判官に厳しく尋問された後、解任されたという。

また、次のような事例も起こっている。陪審制度のあるべき姿を守るために、「法律を無視してでも良心に基づく評決ができる」というアピールをするＮＰＯや市民団体が、裁判所周辺でチラシを配っていた。あくまでその程度の平和的な言論活動なのだが、彼らが「陪審干渉罪」や「法廷侮辱罪」で逮捕されたり投獄されたりしているのだ。

確かに、特定の裁判の特定の陪審員の判断にチョッカイを出せば「陪審干渉罪」になる。公的な場所で一般大衆に向かって陪審の本来の機能について呼びかけるだけで、同じように扱われるのはさすがにおかしいだろう。しかし検察や裁判官は、自分の業務に影響を及ぼす言論活動については意外なほど冷たいのである。

日本の読者は、「選挙で選ばれた議会が作った法律を、陪審が特定の事件において無視するのはいけないことだ、不公平だ」と思われるかもしれない。しかし、よくよく考えてみれば、取り締まる側の警察や検察には、逮捕・起訴に際して法律を「無視」できる裁量が常に許されている。

例えば、日本の刑事訴訟法第二四八条に「犯人の性格、年齢及び境遇、犯罪の軽重及び情状並びに犯罪後の情況により訴追を必要としないときは、公訴を提起しないことができる」という規定がある。これにより検察は起訴しないという裁量が与えられているのだが、アメリカの検察にも似たような裁量権が与えられている。だとすれば、陪審が同じような裁量を駆使してどこが悪いのか。陪審がたまに法律を無視してはいけないという理屈は成立しないはずだ。むしろ、立法の最初の段階だけではなく、執行の場面においても民意が反映される方がよっぽど民主的だ。

効率主義が司法取引を増やす

しかし、いくら陪審制度の美点を称えても、米国の現行刑事司法制度からは陪審裁判がほとんど姿を消している。日本の刑事裁判制度における有罪率の高さはしばしば批判されるが、アメリカでも、裁判所によっては有罪率九十五パーセントといった高い水準に達している。なぜなら、ほとんどの刑事事件が司法取引で決着しているからだ。

司法取引とは、被告による一種の自白だが、より正確にいうと、たとえば殺人罪で逮捕・起訴された被告が、検察側と「傷害致死については認めるから、殺人より刑を軽くして」というような駆け引きをするというものである。司法取引が成立すれば、被告に殺意があったかどうか、本当に殺したかどうかという事実認定は不要になるので、事件は陪審審理に付されない。裁判官の役割は、被告が取引内容をちゃんと理解しているかどうか、また検察が提案した刑を認めるかどうかを判断するだけだ。

公開の法廷で陪審裁判を受けることは被告の憲法上の権利であり、被告にはもちろん司法取引に応じない自由がある。それでも多くの被告が司法取引に応じるには理由が様々あるだろうが、本書のテーマに関して二つほど指摘しておきたい。

まず、多くの場合、被告には後ろ暗いところがあり、取引によってなるべく刑を軽くしてもらおうと考えるということ。それから、刑の重罰化によって、下手に陪審裁判まで行って有罪になれば、数十年の懲役をくらってしまうリスクが生じたことだ。すでに説明したように、現行の刑法では陪審の判断がなるべく客観的な事実のみ（たとえば、所持していた大麻が何グラムだったとか）に限定されるよう設計されているので、陪審に個人的な事情を配慮してもらおうという期待はあまりできない。

陪審裁判抜きの刑事司法制度は効率よく多数の事件を〝処理〟することができ、検察や裁判官にとってはそれなりに合理的に機能しているはずだが、「効率」は「民主主義」や「正義」の同義語ではないことを念頭に置かれたい。

刑事司法崩壊の元凶

多くの日本人の〝アメリカ像〟には、「犯罪が多い、治安が悪い」という部分があるだろう。一般論として、これは間違いではない。どんなに刑罰を重くしても、いくら大勢の犯罪者を刑務所に閉じ込めても、状況はなかなか改善されない。囚人が多ければ多いほど儲かる私営刑務所の経営者や株主を除いて、アメリカの刑事司法システムが機能不全に陥っていると考える国民は多い。

この機能不全と犯罪問題についてハーバード大学ロースクールの刑事政策学者ウィリアム・J・スタンツ（故人）は、著書〝The Collapse of American Criminal Justice〟（『アメリカ刑事司法制度の崩壊』二〇一一年）で非常に面白い理由づけをしている。簡単に言えば、非民主化が米刑事司法崩壊の原因の一つであるというのである。

この本は内容が濃いので大ざっぱな紹介しかできないが、要するに、先ほど説明した陪審裁判の骨抜きと、司法取引による陪審審理の迂回、そして刑法を連邦法の領域下に取り込むことにより、刑事司法制度が多くの米国民にとって「他人事」になっている。

このような制度では、新聞やテレビで大げさに報道される極悪事件をベースに一般市民が抱く「犯罪者は皆、死ぬまで投獄すれば良い」という程度の単純な〝民意〟しか反映されない。「どうせ他人事だから」それ以上考える必要はないのかもしれないが、それが自分、もしくは周囲の出来事になってしまった頃にはもう遅い。

このような制度が生まれた背景には、本章で紹介した最高裁による連邦司法制度の肥大化を促進する動きの他に、刑事裁判に関する多数の最高裁の判例がある。刑事司法制度が非民主化を理由に崩壊しつつあることも、アメリカ司法の負の一面なのである。

まとめ　アメリカから何を学べるか

アホらしくなった憲法

二〇一二年の二月、私は出張でワシントンDCに赴いた。国の首都だから空気や電波のように、いたるところに政治がある。空港から乗ったバスのラジオでも、憲法に関する討論番組が流れていた。しかも、耳を澄ませると、超有名どころの憲法学者や憲法訴訟の専門家ばかりなのだ。法学者の私にとっては思わぬご馳走だった。

討論のテーマは、三月に最高裁で口頭弁論が行われる予定の「オバマケア」関連の控訴事件だった。オバマケアとは、オバマ大統領の公約の一つであった「すべての国民に医療保険」を実現するための諸立法の俗称である（なお、できたばかりのオバマケアを解体することは、二〇一二年の大統領選で敗北した共和党のロムニー候補の公約のひとつであった）。日本その他の先進国にあるような公的制度とは異なり、民間の保険会社を中心に設計されたもので、勤め先などから健康保険を提供されない米国民に対し、一定の健康保険に加入することを義務付ける制度だ。その〝対価〟として、これまで膨大な利益を得てきた保険会社は、持病のある人など、顧客にすれば「損をする」計算が高い人の保険加入を拒否できなくなる。

いっそ他国のような公的制度にすればいいと思うのだが、企業の利益まで配慮したこの制度はオバマにとって、おそらく既得権を持つ業界団体や共和党の猛反対が予想される中で、かろうじて実現が見込める妥協策だったのだろう。それでも、各州からの反対も大きく、法律が成立してすぐさま複数の憲法訴訟が提起された。というわけで、オバマケアが合憲かどうか、最高裁はどう判断するだろうかというのがラジオ討論会のテーマだった。

これらの訴訟の趣旨は概して「連邦議会にオバマケアのような医療制度を作る憲法上の立法権はない」というものである。第1章の説明を思い出していただきたいが、連邦法でオバマケアを実現するためには、憲法上の根拠が必要だ。オバマ政権が第一に主張した根拠は、例によって通商規制権である。以下は、私が聞いたオバマケアと憲法を巡るラジオ討論の一部である。

「私が健康上まったく問題なく、保険に加入せず、いざというときは実費を支払うと決めている二十～三十代のアメリカ人だったとします。保険に加入しない状態でリビングルームに座っているだけで、私が各州間の通商に影響を及ぼすというのでしょうか？そして、そのために議会は私に保険を買わせることができるわけ？」（法律家）

「その通りです。いつかは医療機関にかかることもあるだろうし、場合によっては他州の病院に行くかもしれないから、影響を及ぼしているといえるし、連邦議会の立法権の範囲内だ」（憲法学者）

「同じ理屈で、財政悪化に陥った自動車メーカーを救うために、連邦法で自家用車を持っていない国民に対してフォードやGMの車を購入する義務を課せられるのでは？」（法律家）

このあと「いや、そんなことはない。医療は特別だから」という反論はあったが、議論はおおかたオバマケアの憲法的根拠、つまり「何もしていなくても、各州間の通商に影響を及ぼす」という論理を前提に展開した。

この話を聞いていたバスの運転手は、「アホらしい」とつぶやいた。私は、その反応はとても健全だと思った。「リビングルームに座っているだけでも各州間の通商に影響が及ぶ」といった憲法解釈を議論の出発点にしなければならなくなった状況と、その結果として「連邦政府が〝買え〟といっている商品を買わなければならない」という状況。いずれも、本来なら憲法が保護すべき一般の米国民からアホらしいと思われて当然だ。

首席判事の〝勇断〟を全国民が見守る

三月の二十六日から二十八日まで、最高裁にしては異例ともいえる長い期間、オバマケアをめぐる口頭弁論が行われた。そのあと、最高裁の各判事が検討・評議に入り、全国民は様々な憶測をたてながら、判決が出るのを何週間も待っていた。

この状態が、アメリカの民主主義体制がどれだけ異様なものになってきたかを物語っているかと思う。すなわち、上下両院が可決し大統領までが署名した法律により、連邦議会が通商規制権を駆使して、国民に私企業からの保険商品の購入を強制することの可否について、政治思想を理由に任命され、民意から隔離された九名の最高裁判事の単純多数決で決まる結果を、全国民が息を呑んで見守っているのだから。

かなり以前から五対四の判決が目立ってきた最高裁は、オバマケアについても二〇一二年六月二十八日、やはりギリギリのわずか一人の差で合憲判定を下した。連邦議会は通商規制権を根拠にはオバマケアのような制度を作れないものの、連邦議会の課税権の一環としては可能という判決で、辛うじて合憲としたのである。

しかし、オバマケアでは健康保険に加入していない人は連邦政府に対して金銭的なペナルティ（過料）を支払わねばならないことになっているが、最高裁のこの見解では法律中の「ペナルティ」を「税」と読み替える必要があるので、解釈論としてはいささか無理をしているという見解がある（そして、上院から発せられたオバマケアの法案が形式上は一種の「課税」であるとすれば、「歳入の徴収を伴うすべての法律案は、さきに下院に」〔第1章第7条第1項〕という憲法の要件に抵触することになるため、すでに別の違憲訴訟になりそうだ）。

また、当初は違憲派と見られていたロバーツ首席判事が合憲派と手を組んだのは、オバマケアを違憲にすれば〝最高裁はやはり政治的な司法機関だ〟という風評が広まり、国民の信頼が低下すると危惧したためだ、という噂も流れてきた。この〝勇断〟によってオバマケアはぎりぎりセーフだったというとらえ方が一般的だったが、もしこの噂が本当であれば、たった一人の判事の個人的な思想が三億の国民の健康と生活に多大な影響力を持つということをはっきりさせた、恐ろしい判例だと言える。しかもそれが国民のためではなく、最高裁の威厳を保つための〝勇断〟であったとすれば、悲しいではないか。

憲法が「古い」ことは自慢になるか

アメリカの憲法は世界の現役国家憲法のうち一番古い、と自慢げに語られることが時々ある。しかし、刑法、刑事訴訟法、家族法、人権感覚、刑務所の運用、処刑方法など、司法制度の他の分野であれば、「世界で一番古い」ことは自慢どころか恥になる。憲法だけは違うのだろうか。それは、憲法が制定された当時の民主主義的理念の普遍性と、現代社会との一貫性を強調する材料にはなるかもしれない。しかし、ここまで見てきたように、アメリカの民主的理念が現実には反映されなかったという例は少なくない。

独立宣言を起案し〝建国の父たち〟の一人となったトマス・ジェファーソンは、その約十年後の憲法制定作業に関与しなかった。当時のジェファーソンはフランスで米国の外交政策に励んでいたが、彼は憲法が世代ごとに作られるべきだという持論の持ち主だったといわれている。彼は、昔の文書を書いた人に束縛されるのはおかしい、と考えたのだ。実にもっともな話で、二百年以上前の人々が文書に落とした思想とその背景にあった世界観に、なぜ現代人が一方的に束縛されなければならないのだろうか。それが民主主義というものなのだろうか。

これに対して、アメリカの憲法は〝living constitution〟（生きている憲法）だという人もいる。つまりそれは、解釈の変化を通じて、変貌していく社会環境にうまく適応してきた〝生き物〟のようなものだ、と。しかし当然のことながら、合衆国憲法が二十一世紀に相応しい民主主義を目論んで設計されたわけはなく、もっぱら判例の累積で適応されてきた〝今の憲法〟がそういうものになっていると言える根拠も薄い。裁判官の多数決で決まったことが、民主主義と言えるのだろうか。

おそらく、最高裁判例の内容までを含む「合衆国憲法」は、一般の国民にとって理解不能に近いものになってきたのだろう。一般国民だけでなく、憲法の定め（第6章第3項）によりその擁護義務を負っている連邦・州の議院と行政・司法官の多くも、同様かもしれない。その結果として、「どのような政策を作り、実施すべきなのか」を民主的に議論する以前に、議論の前提条件となる憲法の内容に関する議論すらまとまらないこともしばしばである。そしてオバマケアのように、そのまとまらない前提条件に関する議論を押し切って作られる政策の是非は、結果責任を問われることがない最高裁に委ねられる。やはりどうかしている。

本書で説明したように、一種の条約機構として発足したアメリカが一つの国になるためのプロセスには、南北戦争と最高裁判所の貢献が大きかった。南北戦争については、その後遺症がいまだに強く残っていることは第5章で説明したとおりだ。しかし、最高裁判所の〝貢献〟は憲法を読んだだけではわからない。しかも、オバマケアの判決のように、最高裁の九名の判事のうち四名すら納得していないのに、多くのアメリカ人が納得できるものだろうか。

今現在〝生きている〟合衆国憲法は、このような膨大の量の判例によって形成されている。その憲法の内容があまりにも煩雑であるため、どこまで広く国民に理解されているのか、どこまで納得されているのかは疑わしい。例えば、権利章典はアメリカ人にとっての偉大なる政治的発明品として謳われるが、権利章典のどの部分が州に及び、どの部分が及ばないのかという、きわめて基礎的な適用範囲すらわからないアメリカ人も少なくないはずだ。しかも、もっぱら最高裁によってつくられた憲法改正という非常にハードルの高い手続きを経ない限り、それを民主的なプロセスで変えることは困難だ。

こうした情勢の中、アメリカではまともな政治議論がきわめて難しくなってきた。思うにその理由の一つは、アメリカが連邦制を取っていることにある。そもそも、「連邦政府ができること」と「連邦政府がすべきこと」は本来別の議論であるはずなのだ。

　例えば「同性婚には別に反対しない」と「連邦政府が結婚について法律を作ることは憲法的に無理だ」という二つの立場は、それなりに両立し、それなりに筋が通っている。しかし、宗教的な理由で同性婚を禁止しようとしている人々や、逆に同性愛者の人権擁護を奴隷解放以降の黒人公民運動と同じように捉える人々とそのことを議論しようとすると、「できること、できないこと」ではなく「すべきこと、すべきでないこと」の問題にすり替わってしまい、議論が本質的にかみ合わない。

　つまり同性婚にしてもオバマケアにしても、「連邦政府ができること」と「連邦政府がすべきこと」という議論がごちゃ混ぜになっているのである。それは、アメリカ社会が抱える多くの課題に関連して起きている問題であり、民主的な解決策はなかなか見つからないだろう。そして、連邦政府の「できること」に関する議論の土台は、結局のところ最高裁の判例になるが、どの判例をとっても国民が納得できるかという問題がある。

　さらに、こうした中で連邦政府が〝国民の安全を守り、すべての問題を解決する〟存在として肥大化しつつあることは多くの国民の感じるところだと思うが、それを止めるにはどうすれば良いのか。糸口はなかなか見当たらない。

「チェンジ」をモットーに誕生したあのオバマ大統領の政権下においても、国内で「テロの容疑者」を秘密の証拠に基づき無期限に拘留するための法律や、連邦政府の庁舎周辺のデモを禁止する法律が成立した。すなわち、連邦政府には令状も理由も証拠も示さずに米国籍を持つ者を暗殺する権限があるという主張がなされている。どんなに立派な人物でも、指導者になれば、たいていは自らの権限を維持拡大しようとする。なにせ、自分は「正しい」ことをしているつもりなのだ。そこに民主主義の最大の脅威があるのかもしれない。つまり、「私がやっていることが正しい」と思っている人たちにブレーキをかけることこそが、民主主義の重要課題の一つである。

合衆国憲法から学ぶものは少ない

合衆国憲法は古いだけに、判例をはじめとした関連資料が多い。日本の場合がそうであるように、他国の憲法の一部もしくはすべてが合衆国憲法をモデルに作られたこともある。こうして、この〝老舗憲法〟が基盤となったアメリカ版民主主義やアメリカ版人権は、おのずと「グローバルスタンダード」のように思われてきた。アメリカ政府が他国の民主化、人権保護強化を呼びかける際にも、自国が作ったこの〝グローバルスタンダード〟を出発点としている。このような事情もあって、世界各国の憲法学者にとって合衆国憲法とは必須科目のようなものとなった。

確かに、合衆国憲法や米最高裁の判例について、一種の〝比較文学〟や「適用例」のように分析や議論をすることは多い。しかし、憲法学という学問から離れた見地でいえば、外国の人々や指導者がアメリカの憲法から、ひいてはアメリカ版民主主義から、どこまで実践的なことを学べるかは疑問である。非常に特殊な制度であるところに加えて、歴史的に見ると、アメリカ版民主主義の体制下では奴隷制が長らく放置され、南北戦争という国家的大惨事までもが引き起こされてきた。

もちろん、どの国の過去にも決して自慢にならないことがいくらでもある。しかし、そのことを差し引いたとしても、合衆国憲法の出発点は条約機構のための条約のようなものであった。その条約機構が今となっては国に変化したと言っても、「リビングルームで何もしていない」ことが各州間の通商に影響するかどうか、というアホらしい議論から立法論を組み立てなければならない憲法が、いったい誰にとって参考になるというのだろうか。

憲法に関して、アメリカから学ぶものが少ないと思っているのは私だけではない。米最高裁の現役判事ルース・ベダー・ギンズバーグは二〇一二年二月、独裁政権打倒後のエジプトを訪問した際、これから作られるエジプトの新憲法に関連して、合衆国憲法の創設者を高く評価しつつ「私だったら、アメリカの憲法をモデルにしない」と助言した。最高裁の判事であればこそ、自国の憲法の限界を熟知しているのだろう。

本当の民主主義とは

アメリカの民主主義から学べるものがあるとすれば、次のことだと思う。

一般論として、法律は多くの場合、他人を対象に作られ、他人に対して適用・執行されるものだ。たとえば、「これこれの行為は、法律か条例で禁止すべきだ」と要求する人たちは、自らは問題の行為をしているつもりがない。他人事だからこそ、法律で対象の行為が制限されたり、刑事罰の対象にされたりしてもかまわない。

本書で説明してきたように、アメリカの憲法は〝条約機構〟として発足したという性質上、地平線の彼方にある〝他の州〟や連邦政府、つまり「他人」を対象に作られた側面が多い。〝われら合衆国の国民は〟で始まる憲法の中にも、「奴隷州対非奴隷州、州対連邦」など対極的な構造を取っている部分が少なくない。どの国の憲法にも市民対公権力など対極的な性質はあるが、アメリカの場合は、連邦制の関係で地理的な対極を想定している部分が多い。

連邦政府が強大になっていった背景には、「他州に住む他人が起している問題」への連邦政府による対応があった。そこには例えば奴隷制の禁止や差別撤廃という正当な目的ももちろんあったが、このような介入は常態化し、連邦政府がいつ・なぜ介入できるのかというルールが一般国民にとって不透明なまま、いつの間にかそれは他人ではなく、自分をも対象としたものとなっている。

また前章で述べたように、条約機構として発足した連合体が「アメリカ」という国になっていくプロセス、すなわち連邦政府が〝大きな政府〟になっていくプロセスにおいては、最高裁判所が憲法訴訟を通じて大きな役割を果たしてきた。しかし、オバマケア裁判のように、いくら憲法訴訟の結果が国民に影響を及ぼすとしても、裁判の性質上はほとんどの国民にとって〝他人事〟として展開していくのだ。

と言っても、裁判を通じて社会を変えようとすることはアメリカの良いところでもあるかもしれない。しかし、それが憲法訴訟で形成されてきた分、アメリカの民主主義においては国民より弁護士、裁判官、司法官僚の存在が過度に大きいかもしれない。裁判は所詮ほとんどの国民にとって〝他人事〟である。

司法中心、議会中心、地方自治中心、民主主義にはさまざまなパターンはあるかもしれないが、どんなパターンをとったとしても、〝他人事〟と考えてはいけないと思う。他人ばかりを対象に作られたはずのルールが、いつの間にか自分の自由までを束縛することになるからだ。

すべてを雲の上にいる政治家、官僚、裁判官に任せっぱなしにしてしまうと、彼らも様々な対策や決定を〝他人事〟として処理するので、結果として自由が束縛されるのは任せた方の市民だけになる。日本の場合、その弊害は官僚国家型の法律制度に表れているだろう。一方アメリカの場合、これまで本書で説明してきたように、それは建前上〝限定的〟であっても実質上は無限に近い連邦政府の権限と、最終決定権が国民ではなく裁判官にある訴訟大国の現状に表れると思う。

法律は他人事であってはならない。法律とは他人ではなく、まず自分自身と家族や友達や同僚を束縛するものになるという覚悟を持たなければならない。これこそ、本当の民主主義だと思う。

アメリカの憲法から学ぶものはないかもしれないが、アメリカの民主主義思想は捨てたものではない。アメリカは国というよりアイディアであるという話を聞いたことがあるが、その通りだと思う。アメリカには自由がある、アメリカでは国民がお役所の言いなりにならなくてよい、アメリカでは新しいことができる、一個人でも巨大既得権と対決して正義を実現できる、など様々な理念や理想が米社会の深層にある。

多くの米国民にとって、このような理念や理想こそが本当の〝憲法〟、本当の民主主義であり、それは弁護士や裁判官しか理解できないような今の憲法と抵触するところが少なくない。最終的な勝者はどちらになるかわからないが、アメリカの深層にある理念や理想から学べるものはまだまだあると思う。

憲法は所詮テキストにすぎない。北朝鮮のような国にも立派な憲法がある。憲法は政治や社会情勢次第で空文化しやすい。憲法を実現するための立法、憲法を解釈する判例も然りである。

奴隷制という「汚点」があるにしても、合衆国憲法の中にはそれなりに美しい理念が反映されているだけではなく、それが空文にならないために努力したアメリカ人は昔も今も少なくない。南北戦争以前に奴隷制を禁止した州があるのは、理念に基づいてそのための努力をした人々がいたからだ。分離平等政策の撤廃も、白人男性以外のアメリカ人が参政権を獲得したことも、そこには多くの人々の理念に基づく努力があった。ここでは違う意味で、「民主主義は他人事ではない」といえるかもしれない。